幽夢影

1 幽深如月

張潮 原著
曾珮琦 編註

好讀出版

目次

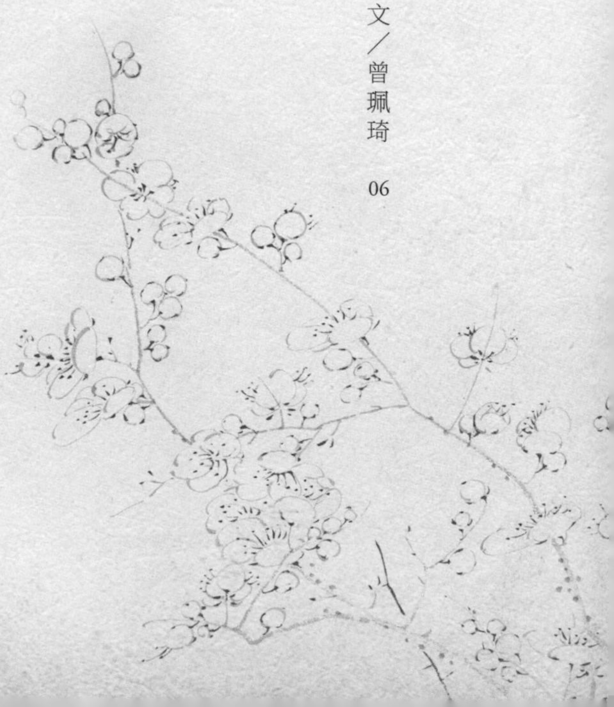

・以下為主題式閱讀，數字為篇名編號（便於從頁眉查找），非頁碼

讀寫人生

沒有遺憾沒有傷害

今日最中肯

天生愛美

做人好難

03無善無惡是聖人／09鱗蟲中金魚／10入世須學東方曼倩／13楷書須如文人／15少年人須有老成之識見／20古人以冬為三餘／35少年讀書／37為濁富不若為清貧／49尋樂境乃學仙／50富貴而勞悴／51目不能自見／57高語山林者／64武人不苟戰

自自然然

01讀經宜冬／04天下有一人知己／05為月憂雲／06花不可以無蝶／07春聽鳥聲／08上元須酌豪友／11賞花宜對佳人／16春者天之本懷／17若無花月美人／18願在木而為樗／20古人以冬為三餘／21莊周夢為蝴蝶／22藝花可以邀蝶／23景有言之極幽而實蕭索者／25新月恨其易沉／27一恨書囊易蛀／28樓上看山／29山之光／32以愛花之心愛美人／33美人之勝於花者／35少年讀書／36吾欲致書雨師／39蝶為才子之化身／40因雪想高士／42一歲諸節／43雨之為物／46當為花中之萱草／56花之宜於目而復宜於鼻者／57高語山林者／58雲之為物／62春雨如恩詔

友我友你

02經傳宜獨坐讀／04天下有一人知己／08上元須酌豪友／11賞花宜對佳人／12對淵博友／17若無花月美人／22藝花可以邀蝶／32以愛花之心愛美人／33美人之勝於花者／40因雪想高士／54並頭聯句

人家只是真性情

05為月憂雲／06花不可以無蝶／17若無花月美人／26躬耕吾所不能／27一恨書囊易蛀／31昭君以和親而顯／36吾欲致書雨師／38天下唯鬼最富／42一歲諸節／45詩僧時復有之／47物之稚者皆不可厭／48女子自十四五歲至二十四五歲／51目不能自見／53目不能識字／55《水滸傳》武松詰蔣門神云／56花之宜於目而復宜於鼻者／57高語山林者／58雲之為物／65文人講武事

耳際效應

07春聽鳥聲／23景有言之極幽而實蕭索者／41聞鵝聲如在白門／48女子自十四五歲至二十四五歲／51目不能自見／52凡聲皆宜遠聽

人生如夢幻泡影，潮起潮落，張潮懂

文／曾珮琦

「幽、夢、影」三字何意？

現代人生活忙碌，往往一覺醒來，大人趕著上班，孩子們趕著上學，一家人可能連吃一頓早飯都很難說上幾句話，然後就各奔天涯，去展開自己忙碌的一天。我們已經很久沒有好好抬頭看看天際的彩雲，很久沒有豎耳聆聽樹梢上的蟲鳴鳥叫……忙碌的生活讓我們在很大程度上麻痺了感官，忽略了周遭美好的事物。現在，邀請您，放下手頭上的事情，放鬆心情，隨著我「偷得浮生半日閒」地一起來品味由清代張潮所作的語錄體小品文——《幽夢影》。

從書名就可以看出寄託在背後的涵義，作者是以一種審美的態度來品味人生。「幽夢」，是人心中所深藏的、隱微的夢境，這個夢可以反映現實的人生體驗，也可以是超離於現實之外、內心眞實世界的反射，是作者在欣賞大自然的同時，又慮及了諸多人生體會，而譜出的一簾幽夢。而「夢影」，是作者將心中的思想哲理與審美意趣，寄託在短小精湛的語言文字上，這些文字如影子一般轉瞬即逝，卻又在我們心中留下了美好的回憶。正如江之蘭的跋語所說：「心齋之《幽夢影》，非病也，非夢也，影也。影者惟何？石火之一敲，電光之一瞥也。」心齋，是張潮的名號，古人習慣以名號稱呼人；《幽夢影》並非身染重病之人所作的那種超脫現實之夢，而是反映現實、寄託人生的眞實之夢。「影」，如同電光石火，轉瞬即逝，卻又有如當頭棒喝，點醒了沉溺在紅塵俗世之中、每日爲了追名逐利的世人那顆淪陷而難以自拔的心。

張潮是什麼樣的文人？

張潮生於西元一六五〇年（清順治七年），卒於一七〇七年，字山來，別字心齋，號仲子，自稱三在道人，祖籍是安徽省徽州府歙縣（今安徽省新安縣，歙在此讀作「社」）。父親張習孔是順治己丑年（一六五〇年）進士，歷任刑部郎中，曾在山東任職，爲官清廉，頗有政績。晚年搬到揚州後，興建詒清堂，在自家從事藏書、著書、刻書等活動。張潮出生的時間正好是張習孔出仕之時，所以家境還算不錯，幼年時期過得頗爲優渥。

張潮是書香世家子弟，家中還有三個兄弟，他排行第二。受父親影響，從小便立定志向要參加科舉考試求取功名，且頗有文才，喜歡讀書，博通經史，可惜天不從人願，始終沒能考上，後補官，僅擔任過翰林院孔目（掌管書籍進出貯存與文書簿籍之事）這樣的小官職。從十四歲到廿五歲這十二年間，他歷盡坎坷，命途多舛，他曾在〈八股詩自序〉中說：「遙記自乙卯溯於甲辰，積有十二載。……又況此十二年苦辛坎坷，境遇多違，壯志雄心，消磨殆盡。」康熙十三年（一六七四年），張潮廿四歲，遭逢家難，家中藏書都沒有了，他在《因樹屋書影》的批語中說：「予少時獲睹《書影》，甲寅之變，書皆不存。」他原本科舉考試就不如意，又遭遇這樣的家變，於是轉向著書、編書、刻書之路。放棄通過科舉晉身仕途的張潮，只能轉而著書立說，以此博得文壇聲名來自我安慰。他繼承了父親的詒清堂，把家刻改爲坊刻，成爲清初徽州府最大的坊刻家之一。這個時期的張潮，生活過得還算不錯，時常宴請賓客，著作繁多，在文壇也頗負盛名。

張潮醉心於讀書，所著詩文往往蘊含哲理、反映時事，還時常走訪山林與詩酒爲伴，交遊廣闊，算是過了一段生活無憂的日子。除了瀟灑恣意的生活書寫之外，張潮也曾因見到民生疾苦，而寫作詩歌以反映現實生活——康熙廿四年（一六八五年）江淮發生洪澇慘禍時，他見到了百姓爲水患所苦，因而寫下〈苦雨行〉一詩，詩中描寫因久雨而造成洪水潰堤的慘禍，詩中表達出對滿清政府施政不當與天災降臨的悲憤。十四年後，張潮的人生又遭遇了重大變故，一六九九年夏，五十歲的他因一樁政治案件被告發入獄，不久被釋放。這件事使他的生活陷入了困境，他曾在寫給友人的信中提到：「弟自前歲誤墮坑阱中，先人所遺盡為烏有，因自號為『三在道人』。」因爲這次的入獄，他只剩下田宅，其他的產業都沒有了。三在的含意是，田還在，屋還在，身還在——意指雖然生活困窘，但至少住的地方和吃的東西還是有的。此外，他晚年也開始常爲病痛所苦，又加上生活貧困，日子過得並不如意。

能寫能編，是企畫能力極強的編寫者

前面提過，張潮因科舉不第轉而著書立說，致力於小品文學的編輯、蒐羅與創作，他的著作非常多，其中以《幽夢影》受到當時文壇關注並且流傳至今；其餘作品則有《虞初新志》、《昭代叢書》、《檀几叢書》、《花影詞》、《心齋聊復集》、《書本草》、《奚囊寸錦》、《飲中八仙令》、《張山來詩集》等等，但不全都是他的創作，有些故事是他蒐羅而來、加以編輯成書，並刻印發行的。例如：《虞初新志》，這是部清初短篇文言小說集，由張潮編輯成書，模仿漢代小說家虞初的《虞初志》而編纂體例，故稱「新志」。《昭代叢書》則收錄一些雜著文章，可能擷取了其中一部分的原文，另取一個篇名，將其改頭換面，文學價値並不高。《檀几叢書》收錄了經史子集、傳、禮節、家門訓戒、土物瑣屑一類的雜文小品，什麼人都適合閱讀。

張潮的作品除了《幽夢影》外，其餘並未受到文學界的重視，因此在中國文學史上很難見到有關他著作的介紹；因其著作繁多，以下僅挑選幾本較爲有趣的予以介紹——

《書本草》，這是第一本以閱讀作爲治療處方的書籍，模仿中國傳統藥草典籍的體例撰寫小品文，以揭示中藥藥性的方法來分析中國典籍的藥性、療效及副作用，可以作爲閱讀的參考借鑑，讀之引人莞爾一笑。這裡擷取一篇以作說明：

處方四：「諸子」

藥性：性寒、帶燥，味有甘者、辛者、淡者。

副作用：有大毒，服之令人狂易。

這裡的「諸子」，當指諸子百家的著作，諸如：《管子》、《老子》、《孔子》、《莊子》、《墨子》、《孟子》、《荀子》等書，這些都是先秦時代儒家、道家與法家的代表作，闡述人生哲理與待人處世的方法。至於爲何張潮說這些著作讀了之後的副作用會使人發狂輕慢，就有待讀者自行去體會了。

《奚囊寸錦》是在各種圖文中嵌入文字，這些文字都是韻文，體裁包含詩、文、詞、曲、騷、賦等等，讀的人需要有文學功底，沒有一定的讀法，讀來頗有趣味。

《飲中八仙令》是記載和介紹各種酒令的書籍，古代人聚會喝酒喜歡行酒令，形成了一種酒令文化，通常是輪流做詩詞或猜謎、猜拳等等，種類繁多。

《張山來詩集》，是張潮所作的詩集，共有兩個特色，其一，以多首詩闡述同一個主題；其二，藏題於詩中或在詩中解釋題目。

《聯莊》與《聯騷》：以《莊子》與屈原《楚辭》的原文作爲底本，拆解其中的文句，成爲具有新意的文章，相當別出心裁。

《七療》：張潮化身蕪園主人、與客人對話的文章。模仿屈原所寫《楚辭》其中一篇〈漁父〉的形式，藉由主客問答，引發內心的感嘆。

《貧卦》：以《周易》原典爲依據，對「貧困」做了一番解釋，帶有苦中作樂、用以自嘲的意味。

《花鳥春秋》：張潮寫生活的情趣，是對四季景物等進行觀察描寫的文章。

以上所述的《書本草》、《聯莊》、《聯騷》、《七療》、《花鳥春秋》等十多種雜著，均收錄在《檀几叢書》裡。張潮的著作還有很多，種類繁多，此處就略過不提。

張潮所往來的文人，以及《幽夢影》重要評點家介紹

張潮也曾有過一段衣食無憂的生活，他交遊廣闊，時常宴請文人雅士到家裡飲酒聚會，因此在文壇頗享名氣。當時與他往來的文人不在少數，其中有許多人替他的《幽夢影》撰寫了評點，這裡列舉幾位比較著名的評點家予以介紹——

張竹坡，生於一六七〇年（比張潮小廿歲），卒於一六九八年，名道深，字自德，號竹坡，銅山（今江蘇省徐州縣）人。屢次科舉不第，爲了謀生來到揚州，而結識了張潮，兩人頗有同病相憐之感嘆，遂結爲好友，甚且結拜爲叔姪，互贈著述。他曾替《幽夢影》寫下了八十三則評語，著名之作是評點《金瓶梅》，張潮化名爲謝頤爲其作序，可見兩人交情匪淺。張竹坡最後病逝，得年二十九歲。

孔尚任，生於一六四八年（比張潮大兩歲），卒於一七一八年，字聘之，又字季重，號東塘，又號岸堂，一號雲亭山人，山東省曲阜縣人。曾擔任國子監博士、戶部主事與員外郎等職務。提起孔尚任，大家對他的印象就是膾炙人口的戲曲《桃花扇》，他精通音律、書畫、考據，十分博學。他也喜歡交朋友，與張潮常有書信往來，也替《幽夢影》撰寫評語。

尤侗（侗讀作「同」），生於一六一八年（比張潮年長卅二歲），卒於一七○四年，字同人，更字展成，號悔庵，晚號艮齋（艮讀作「跟」的二聲或三聲），又號西堂老人，江南蘇州府長洲縣（今江蘇省蘇州市）人，擅長寫作詩文。他和張潮從未謀面，卻一直有書信往來，兩人互相欣賞。他在《幽夢影》留下的評語也不在少數。

余懷，生於一六一六年（比張潮年長卅四歲），卒於一六九六年。字澹心，一字無懷，號曼翁、廣霞，又號壺山外史、寒鐵道人，自號鬘持老人（鬘讀作「蠻」），福建莆田黃石人。家裡很富有，沒有參加過科舉考試。他曾替《幽夢影》作序，文中對此書十分讚揚，足見兩人惺惺相惜之情溢於言表。

江之蘭，字含徵，號文房，又號雪香齋。清代安徽歙縣人，生卒年不詳。清初醫者，有關他的生平記載很少，曾著有《醫津筏》與《內經釋要》各一卷，《文房約》亦爲其作品，他還替《幽夢影》作了跋語。

《幽夢影》成書的思想背景

要了解一本書的思想內容，首先必須要先了解它的時代背景，因爲一本書不可能是憑空出現的，它的作者無可避免地受到了當代思潮的影響，所以我們得了解當時的社會與思想背景，才能了解《幽夢影》的思想內容。張潮是清朝人，但是他的文風與思想繼承了晚明與清代的思想潮流，所展現出來的文學風格自然也與這樣的時代背景有關。明代宋明理學盛行，科舉考試規定要寫作八股文，以箝制知識份子的思想，朝廷明令禁止讀書人關心時政，而朱元璋則制定了文字獄，使得當時文人動輒得咎，爲避免惹禍上身，寫字行文都很小心。到了晚明，君主昏庸無能，宦官把持朝政，知識份子對朝政更爲失望，遂轉而研究程朱理學，造成了「平時袖手談心性，臨難一死報君王」的普遍現象，晚明知識份子面對外族入侵，沒有辦法與之抗衡，就只能以身殉國了。到了清代，滿清入關統治，採取高壓與懷柔政策，文字獄更加嚴苛殘酷，導致文人更加不敢暢所欲言，紛紛轉向考據學上去鑽研。

中國的知識份子一向秉持「學而優則仕」的觀念，認爲十年寒窗苦讀就是爲了參加科舉考試，希望有朝一日能夠入朝爲官，實現自己經世濟民的理想抱負。當這條路行不通時，有些人就採取避世的態度，崇尚老莊思想，以求在亂世之中能夠全身保命。在此時，逃避現實、追求自我安逸的文學作品於焉誕生。明清時代，語錄體的小品文盛行，這類作品又被稱爲「清言」，源頭可以追溯自先秦時代的《老子》、《論語》。小品文之作在明清時代如雨後春筍般先後出現，如洪自誠的《菜根譚》、陳繼儒的《太平清話》等等，作者大多都是有智慧的文人，他們將自己的人生體悟表現在文學創作上。這類清言小品文的特色是，語言簡潔，多以論述人生體悟、生活情趣等為主體，也包含了對生命與自然環境的反思。《幽夢影》就是在明末清初清言小品盛行的風氣下，張潮大概從卅歲開始書寫，寫到年約四十五歲左右已大致完備的一部作品，既繼承了前人創作的模式，又有自己的創新，帶給後人無限的啓發；他的思想獨特，擅長將日常生活中的人生體悟轉化為語言文字，為讀者帶來了一種清新雋永的美感體驗。

《幽夢影》內容與藝術成就

《幽夢影》一書，是張潮擷取生活種種體驗的片段，加上個人的心得與領悟所分享給讀者的；因此，無論是品花賞月、遊玩山水園林、彈琴飲酒、劍術棋藝、交友之道等風雅趣事，均包含了張潮的讀書心得與待人處世的反思等等，內容非常廣博，在感性之中又蘊含哲理，帶領人們賞花觀景的同時，又有人生哲理的體悟，這樣的隨筆書寫在《幽夢影》中俯拾即是——「文章是案頭之山水，山水是地上之文章。」（第九十七則）文章，有各種創作體裁，這些體裁是文學的表現形式，就如同山水河川各有千秋是大地不同風貌的展現，張潮以山水風貌來比喻文學體裁可謂十分傳神。除此之外，也意味著，文學藉由語言文字可傳神地描寫山水風貌，使讀者一翻開書卷就能領略到自然山川之美；而自然的山水美景則跳脫了語言文字之外，以另一種方式表現出自然造化創造天地美景的鬼斧神工。如此將人文創作的文學作品與自然山川巧妙結合在一起，的確可以看出張潮創新的思想筆觸。

《幽夢影》一書也給予了讀者廣大的想像空間，可以鍛鍊我們的創造力與聯想力——「因雪想高士；因花想美人；因酒想俠客；因月想好友；因山水想得意詩文。」（第四十則）。看到白雪，就想到高人隱士，以白雪的玉潔冰清來比喻隱士崇高無瑕的節操；看到花，就想到如花一樣綻放的美人；看到酒，就想到豪放不羈的俠客；看到月亮，就想到與好友一同邀月賞景的快樂時光；看到山水，就想到許多描寫山川景物的詩歌文章。除了聯想之外，還帶給了讀者諸多美感體驗的描寫，如美人、山水等等都是。

張潮擅長使用摹寫、譬喻、借代、映襯等修辭技巧，讓文字書寫更顯生動活潑——「莊周夢為蝴蝶，莊周之幸也；蝴蝶夢為莊周，蝴蝶之不幸也。」（第廿一則）這裡便是運用了對偶的修辭技巧，前後兩句形式上整齊對稱，所論述的內容相互映襯，以「莊周之幸」映襯出「蝴蝶之不幸」，前者能夠脫離生命的枷鎖，說是莊周的幸運；而後者蝴蝶從原本逍遙自在的心靈狀態，進入到生命枷鎖的桎梏，所以說是不幸，兩相對照形成一種更強烈的對比，能夠給讀者更深刻的印象。

本書的撰寫秉持著「前修未密，後出轉精」的原則，在前人研究的基礎上，我試圖更深刻地將《幽夢影》的思想內容揭露出來，以求了解作者的原意。在版本的選擇上，則採用馮保善註譯、黃志民校閱的《新譯幽夢影（二版）》（台北：三民書局出版）與尤君若評註的《幽夢影》（北京：中華書局出版），這兩個版本雖然都是近人校註的版本，但校註者都以善本書爲底本校勘過，在版本內容上堪稱可信。馮保善先生的註譯，是依據《昭代叢書》本作爲底本；尤君若先生的評註，是依據道光世楷堂《昭代叢書》本作爲底本，並參考近年出現的幾種整理版本而成。

參考書目

■古籍註疏

張潮撰，尤君若評註，《幽夢影》（北京：中華書局，二〇一八年九月）

郭慶藩，《莊子集釋》（台北：天工出版社，一九八九年）

馮保善註譯，《新譯幽夢影》（台北：三民書局，二〇一六年六月）

樓宇烈，《王弼集校釋・老子指略》（台北：華正書局，一九九二年十二月）

■近人專著

王邦雄，《莊子內七篇・外秋水・雜天下的現代解讀》（台北：遠流，二〇一三年五月）

王邦雄，《老子道德經的現代解讀》（台北：遠流，二〇一〇年二月）

王邦雄等著，《中國哲學史》（台北：里仁書局，二〇〇六年九月）
牟宗三，《中國哲學十九講》（台北：台灣學生書局，一九九九年九月）
朱良志，《中國美學十五講》（北京：北京大學出版社，二〇〇六年）
竺家寧，《聲韻學》（台北：五南圖書出版股份有限公司，二〇〇二年十月）
林尹編著，《訓詁學概要》（台北：正中書局，一九七二年）
林尹編著，《文字學概說》（台北：正中書局，二〇〇二年七月）
馬積高、黃鈞主編《中國古代文學史1—4冊》（台北：萬卷樓圖書股份有限公司，二〇〇三年）
高旖璐，《張潮與《幽夢影》》（台北：萬卷樓圖書股份有限公司，二〇〇四年一月）

■電子工具書

教育部重編國語辭典修訂本 http://dict.revised.moe.edu.tw/cbdic/
教育部異體字字典 https://dict.variants.moe.edu.tw/variants/rbt/home.do
《漢語大辭典》（光碟版）

余懷序

余窮經讀史之餘，好覽稗官小說[1]。自唐以來，不下數百種。不但可以備考遺忘，亦可以增長意識。如遊名山大川者，必探斷崖絕壑；玩喬松古柏者，必采秀草幽花。使耳目一新，襟情怡宕[2]。此非頭巾褦襶[3]章句腐儒之所知也。故余於詠詩撰文之暇，筆錄古軼事、今新聞。自少至老，襍[4]著數十種。如《說史》、《說詩》、《黨鑑》、《盈鑑》、《東山談苑》[5]、《汗青餘語》、《硯林》[6]、《不妄語述》、《茶史補》[7]、《四蓮花齋襍錄》、《曼翁漫錄》、《禪林漫錄》、《讀史浮白集》、《古今書字辨訛》、《秋雪叢談》、《金陵野抄》之類[8]。雖未雕板問世，而友人借抄，幾遍東南諸郡，直可傲子雲而睨君山[9]矣。天都張仲子心齋，家積縹緗[10]，胸羅星宿[11]，筆花繚繞，墨瀋[12]淋漓。其所著述，與余旗鼓相當，爭奇鬥富，如孫伯符與太史子義相遇於神亭[13]，又如石崇、王愷擊碎珊瑚[14]時也。其《幽夢影》一書，尤多格言妙論，言人之所不能言，道人之所未經道。展味低徊，似餐帝漿沆瀣[15]，聽鈞天之廣樂[16]，不知此身在下方塵世矣。至如：「律己宜帶秋氣，處世宜帶春氣」、「婢可以當奴，奴不可以當婢」、「無損於世謂之善人，有害於世謂之惡人」、「尋樂境乃學仙，避苦境乃學佛」，超超元箸[17]，絕勝支、許清談[18]。人當鏤心銘腑，豈止佩韋[19]書紳而已哉。

1 稗官小說：講述街頭巷尾的雜談和市井傳奇故事的小說，即野史小說。稗（讀作「敗」）官，本指小官，後來成為野史小說的代稱。

2 襟情：蘊藏於心中的情感。怡宕：宕，讀作「盪」，灑脫自在。

3 頭巾：此指思想迂腐。褦襶：讀作「奈戴」，指愚昧無知，不明事理。

4 襍：讀作「雜」，同今雜字，是雜的異體字。

5 《東山談苑》：清代余懷撰，蒐羅古人軼事的筆記小說。

6 《硯林》：清代余懷撰，現存，收錄於道光世楷堂《昭代叢書》，記載各種硯臺與其擁有者。

7 《茶史補》：清代余懷撰，現存、收錄於道光世楷堂《昭代叢書》。因清朝同一時代之人劉源長曾於康熙十四年（一六七五年）作、刻印《茶史》一書，裡頭詳敘並收錄了有關茶學的內容及歷來史料。余懷亦有愛茶嗜好，曾作《茶苑》一書，可後來因看到劉源長的《茶史》，而盡刪《茶苑》中自己的記敘，僅留存古書的記載，並將書名改為《茶史補》。

8 《說史》等十六本書：余懷在序文中列出了自己的十六部著述，但除了《東山談苑》、《硯林》、《茶史補》三書以外，其餘可能均已失傳，余懷在文中自言這些書並未雕版問世，故筆者推測失傳的可能性很大，內容為何也不得而知，大抵應當是些雜著之類的文章。

9 傲子雲而睨君山：子雲指的是揚雄，君山指的是桓譚。這句話的意思是說，我余懷讀過的書很多、涵蓋的範圍甚廣，認為自己的學識足可媲美西漢兩大文學家揚雄與桓譚。

揚雄（西元前五三年至西元一八年），字子雲，西漢蜀郡成都（今四川成都郫都區，郫讀作「皮」）人。在文學上很有造詣，擅長辭賦（如：《蜀都賦》、《長楊賦》），對後世辭賦影響深遠。桓譚（西元前二三年至西元五六年），字君山，西漢相（今安徽省濉溪縣，濉讀作「雖」）人，頗有文才，著有《新論》一書。

10 縹緗：縹，讀作「飄」的三聲。古人多以青白色和淺黃色的絹帛，作為書衣或者收藏書本，後借指珍貴的書籍。

11 胸羅星宿：比喻胸中藏有廣博的學識，才華超群，是有遠見的智慧之人。

12 墨瀋：墨汁。

13 孫伯符與太史子義相遇於神亭：指的是孫策與太史慈在神亭（今江蘇金壇北）相遇，兩人遂比試一番，猛勇不分軒輕的故事。孫伯符（一七五年至二〇〇年），即孫策，字伯符，吳郡富春（今浙江杭州富陽）人。他是孫堅的長子、孫權的哥哥，奠定了東吳的勢力，為三國時期的東吳發展打下良好的基礎。太史子義（一六六年至二〇六年），即太史慈，字子義，青州東萊黃縣（今山東龍口）人，擅長騎馬射箭，為東漢末年孔融的客將，後投靠孫策，助其掃平江東一帶。

14 石崇、王愷擊碎珊瑚：這是王愷與石崇鬥富的故事，兩人家中都很富有，時常互相比拚。有一次，晉武帝把宮裡的一株高兩尺多的珊瑚樹賞賜給王愷，王愷高興地展示給石崇看。石崇故意把珊瑚樹打碎，接著便拿出自己家中的珊瑚樹，而且比石崇的更高更好，王愷只能自嘆不如了。

石崇（二四九年至三〇〇年）：字季倫，小名齊奴。西晉時代，勃海郡南皮縣（今河北省滄州市南皮縣）人。受到晉武帝器重，擔任修武縣令、散騎侍郎和城陽太守等官職。石崇打劫商旅以致富。石崇有一伎女綠珠，美貌絕倫，孫秀向石崇討要綠珠而被拒絕，因此懷恨在心，遂勸司馬倫誅殺石崇，而導致其全家被殺害。王愷，生卒年不詳，字君夫，西晉時代的東海郡郯縣（今山東郯城）人。是司馬昭的妻弟，他的姊姊是文明皇后王元姬，是當朝外戚，身分尊貴，且性格豪放奢侈。

15 帝漿沆瀣：仙人喝的露水，比喻文章用詞精妙絕倫。沆瀣，讀作「航」的三聲十「蟹」，為夜晚的水氣，即露水，古人認為是仙人所喝的水。

16 鈞天之廣樂：天上所演奏的音樂，比喻文章非常精湛絕妙，人間少有。

17 超超元箸：形容文辭高妙，文章立論明確。典故出自南朝宋，劉義慶所撰的《世說新語‧言語篇》：「我與王安豐說延陵、子房，亦超超玄箸。」這句話的意思是：「我（王衍）與王戎、季札、張良的文章，皆立論高妙。」

18 絕勝支、許清談：遠勝東晉名士支道林和許詢的清談。清談：魏晉時期的名士，從事談論玄學的活動，稱為「清談」；玄學指《老子》、《莊子》和《易經》，此三者並稱三玄。支道林和許詢都是東晉時代有名的名士，兩人皆以善談玄言揚名當世。

支道林（三一四至三六六年），名遁，字道林。東晉河南陳留人。是出家人，俗姓關。廿五歲時出家，好談玄言，常在白馬寺與劉系之、馮懷等人談論《莊子逍遙篇》，注《莊子‧逍遙篇》。是般若學六大家之一，今有輯本《支遁集》。許詢，生卒年不詳，字玄度，東晉時代高陽（今河北蠡縣，蠡讀作「李」）人。好黃老（早期的道家思想），擅長寫文章，以玄言詩著名。曾與王羲之、謝安、孫綽、等人宴集會稽山陰蘭亭，眾人賦詩，輯之以為《蘭亭集序》。

19 佩韋：韋，即熟牛皮，這種皮質柔軟堅韌，個性急躁的人配戴以警惕自己不要魯莽衝動。

我在鑽研經史的閒暇，喜歡閱讀野史小說，從唐代開始至今這類小說達數百種之多，不但可以考察前人留下的紀錄，也可以增長知識。就好像，遊歷名山大川，一定要去人跡罕至的地方；賞玩松柏植物，一定要探尋罕見的花草品種，讓人耳目一新，使心情輕鬆愉悅。這不是那些食古不化、只懂得尋章摘句的迂腐文人能夠理解的。所以，我在吟詠詩文的空閒之時，抄錄古今軼事、新聞。從年輕到老年著有數十種雜著，如《說史》、《說詩》、《黨鑑》、《盈鑑》、《東山談苑》、《汗青餘語》、《硯林》、《不妄語述》、《茶史補》、《四蓮花齋襍錄》、《曼翁漫錄》、《禪林漫錄》、《讀史浮白集》、《古今書字辨訛》、《秋雪叢談》、《金陵野抄》一類。雖然沒有雕刻印刷成書廣爲發行，然而朋友之間互相借閱抄錄，幾乎遍佈東南各郡縣，簡直可以傲視揚雄與桓譚了。

黃山張眾子心齋先生，家中藏書萬卷，知識廣博，才學超群出眾，妙筆生花，墨跡淋漓。他的著述和我不相上下，我們彼此相比劃，就像孫策與太史慈在神亭相遇大戰一番，又如石崇、王愷爲了比拚財富而擊碎珊瑚。張潮的《幽夢影》一書，有很多格言妙論，道出一般人未能說出之語，講出了別人未能講述的思想內涵，值得讓人再三回味，有如喝著仙人所飲的露水，聽著天上的仙樂，而忘卻自己身在凡塵俗世之中。至於像「約束自己應當像秋天的肅殺之氣般嚴厲，待人處事應當像春風那般溫煦柔和」、「婢女可以做奴僕做的粗活，奴僕卻不能代替婢女做細活」、「對世人無害稱爲善人，對世人有害稱爲惡人」、「要追尋極樂境界就學仙道，要躲避苦難就學佛」這些言論高妙精闢，比起支道林和許詢更勝一籌。人們應當銘記於心，不只是放在案頭引以爲戒而已。

鬘持老人余懷廣霞製

江之蘭跋

抱異疾者多奇夢，夢所未到之境，夢所未見之事，以心為君主之官，邪干之[1]故如此。此則病也，非夢也。至若夢木撐天[2]，夢河無水[3]，則休咎應之[4]；夢牛尾，夢蕉鹿[5]，則得失應之。此則夢也，非病也。心齋之《幽夢影》，非病也，非夢也，影也。影者惟何？石火[6]之一敲，電光[7]之一瞥也。東坡所謂「一掉頭時生老病，一彈指頃去來今」也。昔人云「芥子具須彌」[8]，心齋則於倏忽備古今也。此因其心閒手閒，故弄墨如此之閒適也。心齋豈長於勘夢者也？然而未可向癡人說也。

寓東淘香雪齋江之蘭草

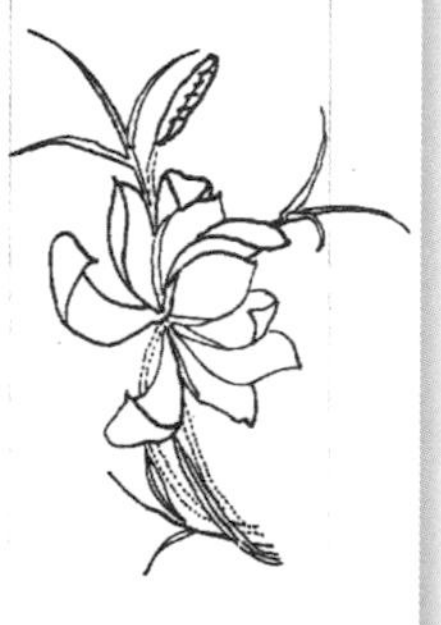

1 邪干之：此指邪氣侵犯人體。邪，中醫說法是邪氣，當自然界的氣候變化太過急驟時，人體的正氣不足以抵禦，就容易產生疾病。干：觸犯。

2 夢木撐天：這句話出自晉代王敦的典故。他想要謀反，晚上夢見一木撐天，請許真君解夢，許真君解道：「一木撐天為未，不可妄動。」這句話的意思是：「一棵樹支撐著天，如果輕舉妄動的話，天就會塌下來。」

3 夢河無水：夢見河乾枯無水，即渴，渴與可同音，表示「可」的意思。

4 休咎應之：夢境反映人的吉凶禍福。休咎，吉慶與災禍。

5 夢蕉鹿：蕉鹿，指一頭鹿的身上有蕉葉覆蓋住，夢見蕉鹿，表示會失去東西。典故出自《列子・周穆王》：「鄭人有薪於野者，遇駭鹿，御而擊之，斃之。恐人見之也，遽而藏諸隍中，覆之以蕉，不勝其喜。俄而遺其所藏之處，遂以為夢焉。」這個故事大意是說：「鄭國有個樵夫在野外遇到一頭鹿，將牠擊斃，樵夫得到這頭鹿很高興，怕別人把他的鹿偷走，就用芭蕉葉蓋在牠身上，將之藏起。後來又去了藏鹿的地方，才發現鹿已經不見了，就覺得這件事是一個夢。」

6 石火：石頭撞擊時所產生的火光，存在時間非常短暫，比喻極短的時間。

7 電光：雷鳴閃電也是轉瞬即逝，比喻時間短促。

8 芥子具須彌：一個小小的菜籽剛好容得下一整座須彌山，以此形容佛法神通廣大。

罹患疑難雜症的人常夢見奇幻詭譎之事，像是夢到從未去過的地方，夢到從沒看過的事情。心，是主宰人生命的器官，受到邪氣侵犯，便容易有這種情形發生；這是一種疾病，並非夢境。至於夢到一棵樹支撐著天際，或者夢到河水枯竭這種反映人事吉凶禍福的夢，又如夢到牛尾、蕉鹿諸這類應驗人事得失的夢，則是夢兆而非疾病。

至於心齋先生所寫的《幽夢影》，不是疾病，也不是夢兆，而是影子。什麼是影子？就像石頭擦撞時所產生的火花，轉瞬即逝的閃電。這也正是蘇東坡所說：「一轉頭就經歷了生老病死，一彈指的時間就包含了從古至今這麼漫長的歲月。」以前曾有人說過「一粒小菜籽就能容下一整座須彌山」，心齋先生則在一瞬間便盡收古今。這是因爲他有閒心也有空閒，才能如此閒適地舞文弄墨。是以，心齋先生怎會是長於勘查夢境的人！然而此中道理可沒法向愚癡之人說清道明。

寓東淘香雪齋江之蘭草

（編按：此篇跋語，若依一般成書格式，本應放在書末。然此跋對後世之人而言，亦如《幽夢影》原典般成了經典文章，故本書將序、跋兩篇文章一前一後收錄，以達呼應對照之美，以使《幽夢影》一書題旨更鮮明。）

讀經宜冬

讀經[1]宜冬，其神專也；讀史[2]宜夏，其時久也；讀諸子[3]宜秋，其致別也；讀諸集[4]宜春，其機暢[5]也。

1 經：中國古典典籍共被分為四類，其中「經」部類著作，即儒家典籍，如：《周易》、《詩經》、《論語》、《孟子》等等。

2 史：記載歷朝歷代的史事書籍，屬於「史」部類著作，二十四史即屬於此類，包含：《史記》、《漢書》、《後漢書》、《三國志》、《晉書》、《宋書》、《南齊書》、《梁書》、《陳書》、《魏書》、《北齊書》、《周書》、《隋書》、《南史》、《北史》、《舊唐書》、《新唐書》、《舊五代史》、《新五代史》、《宋史》、《遼史》、《金史》、《元史》、《明史》。

3 諸子：指先秦時代各家學派的著作，包含儒、道、墨、法、名、陰陽等等。

4 集：中國古典典籍分類中的「集」部類著作，包含詩詞歌賦等文學作品。

5 機暢：生機茂盛的樣子。

6 曹秋岳：本名曹溶（一六一三年至一六八五年），字潔躬，號秋岳，晚號倦圃、鋤菜翁等。明末清初，浙江嘉興人。明朝末年官至御史，滿清入主中原後，官至戶部侍郎、廣東布政使、山西陽和道等職。著有《流通圖書約》、《流崇禎五十宰相傳》等書。

7 龐筆奴：本名龐天池，生平不詳。

◆曹秋岳[6]評點：可想見其南面百城時。

從這篇小品文，可以想像，張潮的藏書很多。

◆龐筆奴[7]評點：讀《幽夢影》則春、夏、秋、冬，無時不宜。

春、夏、秋、冬四季都很適合讀《幽夢影》。

白話翻譯

冬天適合讀經書，因爲精神能夠專注；夏天適合讀史書，因夏季白晝長，適合長時間閱讀；秋天適合閱讀諸子，天清氣爽，適合思考；春天適合讀文學類的集部著作，因爲春天生機盎然，正是感情豐沛的時候，適合閱讀感性的詩詞文章。

賞析

四季交替對古代生活的影響很大，所以古人常常因爲季節的變化而有所感，張潮的這則小品文，正是以四季的交替揭示讀書的方法。

中國古籍不外乎「經」、「史」、「子」、「集」四大類，不同的季節適合研讀不同類別的書。冬天大雪嚴寒，路面與水面都結冰，交通非常不方便，所以很適合待在家裡讀書，因爲哪裡也不能去，所以可以很專心地研讀儒家經典。夏季天氣炎熱，容易讓人昏昏欲睡，此時研讀情節起伏跌宕、記錄各朝各代興衰的歷史事件正好合適。秋天氣候涼爽，剛剛告別夏季的炎熱，又尚未進入冬季的嚴寒，正適合閱讀諸子類的書籍，因爲此時思緒明朗，能夠冷靜地思考問題；畢竟，先秦諸子之所以百家爭鳴，是爲了解決當時的社會問題，儒、道、墨、法思想論述於是應運而生，這些論述不但包含政治問題，也蘊含人生哲理。春天生機盎然，草木生長迅速，百花盛開，也是人的感情最爲充沛的時候，適合閱讀足可打動人心的文學作品。張潮認爲讀書想要事半功倍，必須配合適當的閱讀時機，這些是閱讀方法，也是他讀書多年得到的總結，頗值得參考借鑑。

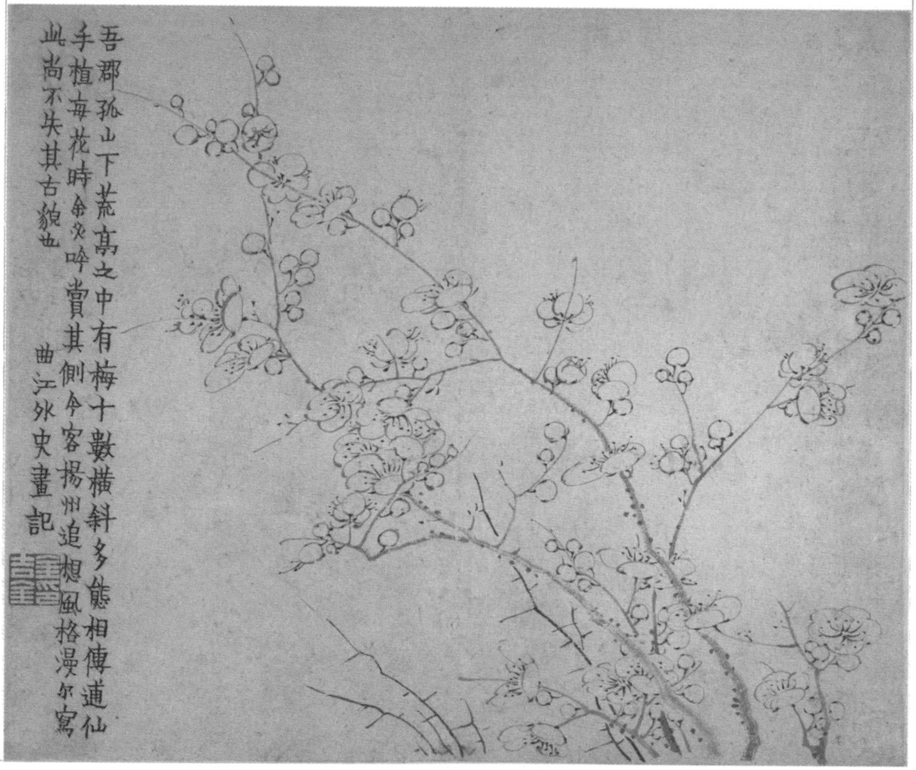
吾郡孤山下荒蒿之中有梅十數橫斜多態相傳逋仙
手植每花時余必吟賞其側今客揚州追想風格漫爾寫
此尚不失其古貌也
曲江外史畫記

經傳宜獨坐讀

經傳①宜獨坐讀；史鑑②宜與友共讀。

1 經傳：儒家經典書籍中，經與傳的統稱。經，如：《易經》、《詩經》、《春秋》等等。傳，是闡釋經義的著作，如：《易傳》闡釋《易經》，《左傳》闡釋《春秋》。

2 史鑑：史書的通稱。史，指《史記》。鑑，指《資治通鑑》。《史記》是紀傳體史書的代表性著作，後世修纂的正史多沿用此體例。《資治通鑑》，是編年體史書的代表性著作，有為執政者提供借鑑之意，故這兩者成為史書的代稱。

3 孫愷似：本名孫致彌，字愷似，號松坪，江南蘇州府嘉定縣人。生卒年不詳，約康熙年間在世。康熙廿七年（一六八八年）進士，官至侍讀學士。著有《杕左棠集》、《杕左棠續集》和《杕左棠詞》；杕，在此讀作「第」。

4 王景州：本名王仲儒（一六三四年至一六九八年），字景州，清初興化（今屬江蘇）人。著有《石閭集》、《西齋集》。

◆**孫愷似③評點：**深得此中真趣，固難為不知者道。

能領略讀書真正意趣的人，一向難以跟不知道的人談論。

◆**王景州④評點：**如無好友，即紅友亦可。

如果沒有好友，有酒即可。

白話翻譯

經傳類的著作適合獨自閱讀，史鑑類的著作適合與朋友一起讀。

賞析

這一則在講讀書方法。張潮認爲「經傳宜獨坐讀」，意思是說，經傳類的文章由於體現了聖人的處世之道與治事之方，更有人生哲理含藏其中，所以適合獨自一人的時候細細品味，才能精神專注地領略聖人所說的微言大義。「史鑑宜與友共讀」，意思是說：歷史類著作講述歷朝歷代的興衰禍福，歷史人物的性格各有不同，不同性格的人處事態度與治國方法也有所不同，導致他們最終的結果也會不一樣。而閱讀者的背景經歷與思想文化的不同，也會影響對同一個歷史事件的解讀，甚或產生差異。因此和朋友一起讀，可以聽聽看在閱讀相同的作品時，旁人與自己的不同見解，這也可以成爲讀書時的參考借鑑，好跳脫自己的詮釋框架，以求更多元地去理解書中知識。正所謂集思廣益，遠比一個人關在書房裡閱讀來得有趣味，也有效率得多。

無善無惡是聖人

無善無惡是聖人（如「帝力何有於我」[1]，「殺之而不怨，利之而不庸」[2]；「以直報怨，以德報德」[3]；「一介不與，一介不取」[4]之類），善多惡少是賢者（如顏子「不貳過，有不善未嘗不知」[5]；子路「人告有過則喜」[6]之類），善少惡多是庸人，有惡無善是小人（其偶為善處，亦必有所為），有善無惡是仙佛（其所謂善，亦非吾儒之所謂善也）。

1帝力何有於我：即使是擁有至高無上權力的帝王，也不能左右我的思想行為。典故出自《群書治要卷11》引《帝王世紀》云：「帝堯之世，天下太和，百姓無事，有老人擊壤而歌曰：『日出而作，日入而息，鑿井而飲，耕田而食，帝力何有於我哉！』」這段文字意思是說：「堯帝治理天下之時，天下太平，百姓安寧沒有紛爭，有位老人一邊玩投擲木片的遊戲，一邊唱道：『太陽升起時就外出工作，日落西山就回家休息，鑿井飲用裡面的水，耕種田地以獲得所需的糧食，即便是擁有至高無上權力的皇帝也管不到我。』」

2殺之而不怨，利之而不庸：典故出自《孟子‧盡心上》：「殺之而不怨，利之而不庸，民日遷善而不知為之者。」這句話意思是說：「在上位者若勤政愛民，那麼百姓就算觸犯法律被殺也不會心懷怨恨，得到利益也不會覺得該酬謝誰，人民會在潛移默化之中逐漸改過向善，卻並不知是誰教導他們這樣做的。」

3以直報怨，以德報德：典故出自《論語‧憲問》，子曰：「何以報德？以直報怨，以德報德。」這句話意思是說：「孔子說：『如何回報對你有恩德的人？以公平正直的行為回報對你心懷怨恨的人，以恩德回報對你有恩德的人。』」

4一介不與，一介不取：典故出自《孟子‧萬章上》：「非其義也，非其道也，一介不以與人，一介不以取諸人。」這句話意思是說：「凡是不合道義的，即使是一分一毫也不會給予他人，一分一毫也不會拿別人的。」

5不貳過，有不善未嘗不知：典故出自《論語‧雍也》，孔子對曰：「有顏回者好學，不遷怒，不貳過。」這句話意思是說：「顏回勤奮好學，不會把自己的過錯遷怒於他人，也不會重蹈覆轍，再犯同樣的錯誤。」

6 人告有過則喜：典故出自《孟子‧公孫丑上》，「孟子曰：『子路，人告之以有過則喜。』」這句話意思是說：「子路這個人，別人指出他的錯誤，他聽了就很高興。」

7 黃九煙：本名黃周星（一六一一年至一六八〇年），字景虞、略似，號九煙、圃庵、而庵笑倉道人。直隸上元縣（今江蘇南京）人，明崇禎十三年（一六四〇年）進士，朝廷授予戶部主事官職。明朝滅亡後不出仕做官，以教授經書為業。清康熙十九年（一六八〇年）跳河自殺。著有《夢史》《圃庵詩集》《百家姓編》等書。

8 江含徵：本名江之蘭，其人介紹請見本書〈編者導讀〉文章。

白話翻譯

能夠從善惡相對價值標準中超脫出來的，是聖人（好比說，帝王威權於我何干；被殺不怨恨，得好處不酬謝誰；以公平正直之舉回報怨恨，以恩德報答恩德；不合乎道義的，毫不給予，也毫不索求）。行善多、做惡少的，是賢人（好比說，相同的錯不會再犯、完全明白自己缺點的顏回；聽聞有人指出自己過錯會很高興的子路）。行善少、爲惡多的，是平庸的人。只爲惡而不行善的，是小人（偶爾做了什麼善事，也必然是有所圖）。只行善而不爲惡的，是神仙與佛祖（不過，祂們的善，也不是我們儒家所說的善）

◆**黃九煙[7]評點：**今人「一介不與」者甚多，普天之下皆半邊聖人也。「利之不庸」者亦復不少。

現在的人「一毛不拔的」很多，可以說，天底下人都是「一半的聖人」。而「別人對他好卻視為理所當然，沒有一點感激之心」，這樣的人也不在少數。

◆**江含徵[8]評點：**先惡後善是回頭人，先善後惡是兩截人。

先做壞事、後來行善的，是懂得悔改的人；先做善事、後來為惡的，是表裡不一的人。

賞析

這則小品文應是模仿了王陽明的四句教撰寫體例。王陽明的講學與錄《傳習錄》說：「無善無惡心之體，有善有惡意之動，知善知惡是良知，為善去惡是格物。」這段話意思是說：「心的本體是無善無惡的；有善有惡發生在人的起心動念之時；了解什麼行爲是善、什麼行爲是惡，是良知的發動顯現；只行善而去掉不好的念頭是格物。」明代的王陽明，是明代儒學重要思想家之一。儒學到了宋明兩代開出新的面貌，一方面繼承先秦孔孟思想，另一方面又與佛老相融合，形成了一個講究道德實踐的宋明儒學，其宗旨是，要將孔孟所講的仁心實踐出來。這就需要一套修養工夫，而如何實踐仁心，就成了宋明儒學的重要課題。到了清代，儒學仍然是思想核心，只是開始對宋明儒學進行反思。

在此風氣之下，張潮依照儒家的一貫思想系統，將人對道德的實踐程度區分成五類——第一類是聖人，善與惡對他們而言僅是相對的價值標準，是一種對道德仁心的束縛，是應當解消與超越的，所以聖人行事只從本心、善性出發，只問當爲不當爲，而不論是善是惡。第二類是賢人，能夠嚴以律己，克制私慾，所以能多行善少爲惡。第三類是平庸的人，也就是一般人，對於私慾較爲放縱，所以能做的善事較少，做的壞事較多。第四類是小人，這類人完全放縱私慾，視法律道德於無物，所以做的都是壞事。第五類是神仙和佛祖，他們已經修練到起心動念皆是善，所以能夠只行善而不爲惡。

天下有一人知己

天下有一人知己，可以不恨。不獨人也，物亦有之。如菊以淵明[1]為知己，梅以和靖[2]為知己，竹以子猷[3]為知己，蓮以濂溪[4]為知己，桃以避秦人[5]為知己，杏以董奉[6]為知己，石以米顛[7]為知己，荔枝以太真[8]為知己，茶以盧仝[9]、陸羽[10]為知己，香草以靈均[11]為知己，蓴鱸[12]以季鷹[13]為知己，蕉以懷素[14]為知己，瓜以邵平[15]為知己，雞以處宗[16]為知己，鵝以右軍[17]為知己，鼓以禰衡[18]為知己，琵琶以明妃[19]為知己。一與之訂，千秋不移。若松之於秦始[20]、鶴之於衛懿[21]，正所謂不可與作緣者也[22]。

1 淵明：即陶淵明（三六五年至四二七年），本名陶潛，字元亮，東晉潯陽柴桑（今湖北省黃岡市）人，為田園派詩人，著有〈歸去來辭〉、〈桃花源記〉等作品。他寫有〈飲酒二十首〉之五「採菊東籬下，悠然見南山」一句，所以令後人總將菊花與陶淵明聯想在一起。

2 和靖：即林逋（九六七年至一〇二八年，逋讀作「步」的一聲），字君復，北宋錢塘（今浙江杭州）人。性情淡泊，不看重名利。擅長行書，喜歡作詩，隱居西湖孤山，終身不仕。也未曾娶妻，以種梅賞花與養鶴自娛，世稱「梅妻鶴子」。卒謚和靖先生。著有《和靖詩集》、《西湖紀逸》等。

3 子猷：即王徽之（三三八年至三八六年），字子猷，王羲之的兒子，東晉瑯琊臨沂（今山東省境內）人，擅長書法。他喜歡竹子，事見《世說新語・任誕》：王子猷暫時寄住在一所空宅中，命人種植竹子。有人就問：「你只是暫住，何必麻煩？」王子猷指著竹子回答：「何可一日無此君？」

4 濂溪：即周敦頤（一〇一七年至一〇七三年），字茂叔，宋道州營道（今湖南省道縣）人，著有《太極圖說》，是宋代理學的創始者，著名宋代理學大家程顥、程頤都是他的學生。世稱濂溪先生，卒諡元公。他喜愛蓮花，並著有〈愛蓮說〉散文一篇，以歌詠蓮花。

5 桃以避秦人：典故出自陶淵明的〈桃花源記〉，在桃花源居住的人，他們的祖先是為了躲避秦朝的暴亂才居住在此。

6 董奉（約二〇〇年至約二八〇年）：東漢末年及三國時代的名醫，字君異，號拔乾（讀作「錢」），又號杏林。他替人醫病不收診金，只要病人栽種杏樹回報。

7 米顛：即米芾（一〇五一年至一一〇七年，芾讀作「福」），字元章，號海嶽外史，又號鹿門居士。北宋書畫家，襄陽人，喜歡收藏奇異的石頭。

8 太真：即楊貴妃，本名楊玉環（七一九年至七五六年），唐代蒲州永樂（今山西省永濟市）人。最初嫁給壽王瑁為妃，後來出家為女道士，號太真。入宮後，成為唐玄宗寵愛的妃子，喜歡吃荔枝，唐代杜牧〈過華清宮三絕〉，有「一騎紅塵妃子笑，無人知是荔枝來」的詩句。

9 盧仝（七九五年至八三五年，仝讀作「同」）：自號玉川子，河南濟源人，唐代詩人，著有《玉川子詩集》、〈茶歌〉。

10 陸羽（七三三年至八〇四年）：一名疾，字鴻漸，又字季疵，唐復州竟陵人（今湖北省天門縣）。自稱桑苧（讀作「住」）翁，喜歡飲茶，精通茶道，著有《茶經》三卷，後世尊稱為茶神。

11 靈均：即屈原（西元前三四三年至?年），名平，又名正則，字靈均，戰國時楚人。其所作《離騷》，以香草比喻忠貞。

12 蓴鱸：指蓴羹鱸膾。典故出自《晉書．卷九二．文苑傳．張翰傳》：「翰因見秋風起，乃思吳中菰菜、蓴羹、鱸魚膾。」張翰見到秋風起，就想念故鄉的菜餚。他以思念故鄉為藉口，辭官退隱，躲避政治迫害。蓴，讀作「純」，一種野菜名。

13 季鷹：即張翰，字季鷹，生卒年不詳，西晉吳郡吳縣（今江蘇蘇州）人。

14 懷素（七二五年至七八五年）：字藏真，長沙人，唐代僧人，是玄奘的弟子，俗姓錢。擅長書法，因家境貧窮，於是種植芭蕉葉來寫字。

15 邵平：即召平，秦朝末年廣陵（今江蘇揚州市）人。跟隨陳勝、吳廣起義，推翻秦國暴政。家中貧窮，在長安城東種瓜維生，俗稱東陵瓜。

16 處宗：即宋處宗，晉代沛國人，官職兖州（今山東、河北省一帶，兖讀作「眼」）刺史。典故出自《幽明錄》：他買了一隻雞，雞會講人話，宋處宗每日與之言談，因而擅長辯論。

17 右軍：即王羲之（三二一年至三七九年），字逸少，晉臨沂（今屬山東）人，後南遷會稽。官至右軍將軍，世稱王右軍。以書法聞名於世。他喜歡鵝，曾經替山陰道士抄寫《道德經》，願以鵝充當稿酬。李白有首詩〈王右軍〉即記載了此事，云：「右軍本清真，瀟灑出風塵。山陰過羽客，愛此好鵝賓。掃素寫道經，筆精妙入神。書罷籠鵝去，何曾別主人。」

18 禰衡（一七三至一九八年，禰讀作「迷」）：字正平，東漢平原郡人。善於辭賦文章，與孔融交情不錯，可是為人恃才傲物，曹操於是故意讓他當一名擊鼓的小官，想要羞辱他，卻反而被他以種種出格之舉羞辱。

19 明妃：即王嬙，字昭君，生卒年不詳。漢元帝時，王昭君前往匈奴和親，據傳辭別漢宮時手抱琵琶。

20 松之於秦始：《史記．秦始皇本紀》記載：秦始皇曾遇暴風雨，在松樹下避雨，所以封松樹為五大夫，後世以此作為松樹的別名。

21 鶴之於衛懿：《左傳．閔公二年》記載：衛懿公喜歡鶴，他養的鶴享有相當於大夫官職的俸祿與車乘。

22 不可與作緣者：不應該和他們有所關聯。

23 查二瞻：即查士標（一六一五年至一六九八年），字二瞻，明末清初安徽休寧人，號梅壑。精通書畫，與弘仁、孫逸、汪之瑞並稱「新安四大家」。

24 王名友：生平不詳。

25 張竹坡：本名張道深，其人介紹請見本書〈編者導讀〉文章。

◆**查二瞻**[23]**評點：**此非松、鶴有求於秦始、衛懿，不幸為其所近，欲避之而不能耳。

並不是松、鶴有求於秦始皇、衛懿公，只是不幸被他們所親近，想逃避又無能為力。

◆**王名友**[24]**評點：**松遇封，鶴乘軒，還是知己。世間尚有斸松煮鶴者，此又秦、衛之罪人也。

松樹得以封爵，白鶴得以乘車，仍然可以算是知己。畢竟，在這世間還有砍松樹、烹煮仙鶴的人，這對秦始皇和衛懿公來說可是罪人呀。（編按：斸，讀作「竹」，以刀斧砍削之意。）

◆**張竹坡**[25]**評點：**人中無知己，而下求於物，是物幸而人不幸矣。物不遇知己而濫用於人，是人快而物不快矣。可見知己之難，知其難方能知其樂。

在人類社會裡，想求一知己而不可能，只好退而求其次去與物結為知己，這是物的幸運而人的不幸。物遇不到知己，卻被人類濫用，人快意了而物卻不快意。可見知己的難得，由此才知得遇知音的快樂。

白話翻譯

在這世上能有一個知己，便再無遺憾。不只是人這樣，物也是如此。譬如菊花把陶淵明當成知己，梅花把林逋當成知己，竹子把王徽之當成知己，蓮花把周敦頤當成知己，桃樹把躲避戰禍的秦人當成知己，杏花把董奉當成知己，石頭把米芾當成知己，荔枝把楊貴妃當成知己，茶把盧仝、陸羽當成知己，香草把屈原當成知己，蓴鱸把季鷹當成知己，芭蕉葉把懷素當成知己，瓜把召平當成知己，雞把宋處宗當成知己，鼓把禰衡當成知己，琵琶把王昭君當成知己。彼此一旦訂下盟約，永遠不會更改。而松樹與秦始皇、鶴與衞懿公，則是所謂不該相交之人。

至於，松樹和鶴，爲什麼不該與秦始皇和衞懿公產生關聯呢？因爲秦始皇是暴君，而衞懿公最終被殺，兩人下場都極慘，他們的所作所爲令人不齒，松樹與鶴若與他們產生關聯，可能也會被連累，得背負罵名。

賞析

古代的讀書人多爲懷才不遇，所以很希望能夠遇到一個懂得賞識自己才華的知音，這樣的故事以伯牙與鍾子期最爲著名。伯牙是春秋時代的人，他很擅長彈琴，有一次偶然遇到鍾子期，只有他才聽得懂伯牙琴音中所寄託的深意，於是兩人結為了知交。後來鍾子期亡故，伯牙痛失知己，此後不再彈琴。張潮也是科舉不第的落魄才子之一，藉此篇小品文抒發自己期能遇到知己的願望。

文中所提菊、梅、竹、蓮等植物，是沒有感情與自我意識的，但是卻能遇到懂得欣賞它們的人，這正是把人的屬性附加在這些動植物與金屬之上。例如：周敦頤歌詠蓮花「出淤泥而不染」，是把君子的品格附加在蓮花之上，這也表示了他對自己品德的期許。因此，與其說菊、梅、竹、蓮等物得到了知己，倒不如說是文人在創作文學作品時，會不自覺地把自我期許藉著這些動植物表達出來。再舉個例子：「桃以避秦人為知己」的涵義是，陶淵明在創作〈桃花源記〉時，因為感嘆東晉政治腐敗黑暗，導致他有志難伸，所以希望能有個地方可以躲避時局的動亂，過安逸的退隱生活，於是想像出桃花源這樣能隱居避世的地方。而張潮就認為，那些躲避戰禍的秦人，能找到桃花源這樣的地方隱居，必然是因為懂得欣賞桃林幽隱的特點，所以引為知己之說。

為月憂雲

為月憂雲，為書憂蠹[1]，為花憂風雨，為才子佳人憂命薄。真是菩薩[2]心腸。

1 蠹：蠹蟲（蠹讀作「度」），一種蛀咬衣物、書籍的蟲。

2 菩薩：佛教用語。梵語bodhisattva的音譯，漢語譯為「菩提薩埵」，意思是「覺有情」。菩薩是護持正法、救護眾生，在未來世成就佛果的修行者。

3 江含徵、張竹坡、尤悔菴：三位文人的介紹，請見本書〈編者導讀〉文章。

白話翻譯

替月亮擔心被雲層遮蔽，替書本擔心被蟲蛀蝕，替花擔心被風雨吹折，替才子佳人擔心命運多舛，真是慈悲的菩薩心腸。

◆**江含徵評點：**我讀此書時，不免為蟹憂霧。

我讀這本書時，免不了要替螃蟹擔心霧氣。

◆**張竹坡評點：**江子此言，直是為自己憂蟹耳。

江才子這句話，是為自己擔憂沒有螃蟹可吃。

◆**尤悔菴**[3]**評點：**杞人憂天，嫠婦憂國，無乃類是。

杞人擔心天塌下來，寡婦擔心國家大事，皆是諸如此類吧。（編按：嫠，讀作「梨」。）

賞析

本則的前四句，用了修辭法中的排比，屬於句子形式的排比，這四句都是在表達爲了某件事而憂心，雖然字數不完全相同，卻屬於同一個範圍。

萬事萬物時時刻刻都在變化之中，如同人有悲歡離合、月有陰晴圓缺一樣，文人都是多愁善感的，張潮也不例外。見到月亮，就不免擔心被雲層遮蔽而看不到；喜愛讀書，就會擔心書被蟲蛀蝕而沒書可看；希望才子佳人都能有圓滿的結局，就會擔心他們沒辦法終成眷屬。這或許就是辛棄疾在詞作〈醜奴兒・書博山道中壁〉中所說的「為賦新詞強說愁」，文人總愛傷春悲秋，明明沒有經歷過太多的大風大浪，但爲了創作新的詩文，而勉強訴說滿腹愁懷。或許張潮也是如此，才會著眼於小事爲之擔憂。

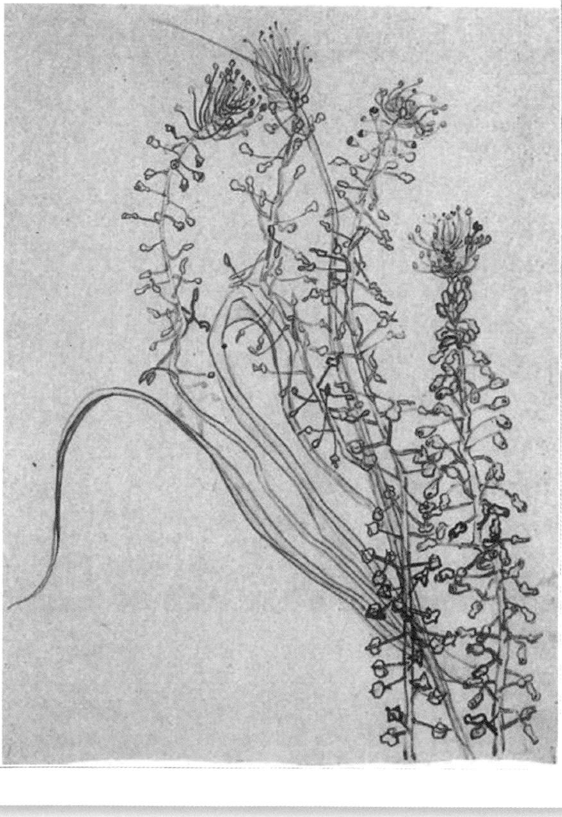

花不可以無蝶

花不可以無蝶，山不可以無泉，石不可以無苔，水不可以無藻，喬木不可以無藤蘿，人不可以無癖①。

1 癖：讀作「皮」的三聲。嗜好，指長久以往養成的習性。

2 黃石閭：本名黃泰來，字交三，一字竹舫，號石閭。江蘇泰州（今江蘇東臺）人，曾跟隨孔尚任到北京做過幕僚。

3 孫松坪：本名孫致彌，字愷似，號松坪，又號杕左堂。江南蘇州府嘉定縣人。生卒年不詳，約康熙年間在世。康熙廿七年（一六八八年）進士，官至侍讀學士。著有《杕左堂集》、《杕左堂續集》和《杕左堂詞》；杕，在此讀作「第」。

4 和長輿：即和嶠（？年至二九二年；嶠讀作「叫」，指又高又尖的山），字長輿，西晉汝南西平（今河南西平）人。他出身政治世家，家富卻很吝嗇，生性節儉。他家中種有李樹，有一次，皇帝司馬炎向他要李子品嘗，他僅上貢了數十顆，由此被當朝的政治家杜預稱之為有「錢癖」。

◆**黃石閭②評點**：事到可傳皆具癖，正謂此耳。

誰人做的什麼事若已然來到家家戶戶傳頌的地步，那肯定與個人嗜好脫離不了關係；這一篇說的正是這個道理。

◆**孫松坪③評點**：和長輿④卻未許藉口。

可卻不能以嗜好做為和嶠吝嗇的藉口。

白話翻譯

花不能沒有蝴蝶圍繞飛舞，高山不能沒有泉水穿流，石頭不能沒有青苔點綴，水中不能沒有水草裝飾，喬木不能沒有絲蘿攀附，人不能沒有嗜好。

賞析

中國文人在觀看大自然的時候，不去思考這些自然景物有什麼實質用處，而是從審美角度探討能帶給我們什麼樣的快樂，這便是中國的審美觀。這則小品文即表現了這樣的審美觀——蝴蝶在花叢中飛舞，不從物學的角度去探討（即蝴蝶吸食花蜜是爲了維生，而花吸

引蝴蝶則是爲了播種），只從美感的角度來看，蝴蝶圍繞著花飛舞，帶來一種審美的體驗，讓我們從中得到快樂。泉水從高山上傾瀉而下，水性就下，本是自然現象，但從審美角度來看，「飛流直下三千尺，疑是銀河落九天」（李白的〈望廬山瀑布〉），所帶給我們的就是一種美的感受。石頭與青苔、水與藻、喬木與藤蘿，所展現的皆是這種美感的體驗。

但張潮不僅僅要表達一種審美的體驗，更重要的是想抒發他的中心思想——「人不可以無癖」。從張潮的觀點來看，癖，是人之所以爲人的必要條件，若是沒有一兩樣嗜好，那麼這個人就會變得呆板、索然乏味了，正因爲有了嗜好，整個人的特質才會鮮明生動起來。例如：曹雪芹的《紅樓夢》，林黛玉的嗜好就是葬花，每當花凋零時，她就揹著鋤頭去葬花，認爲花是潔白無瑕的，不能被汙泥所玷汙。

春聽鳥聲

春聽鳥聲，夏聽蟬聲，秋聽蟲聲，冬聽雪聲，白晝聽棋聲，月下聽簫聲，山中聽松風聲，水際聽欸乃[1]聲，方不虛生此耳。若惡少斥辱、悍妻詬誶[2]，真不若耳聾也。

1 欸乃：划船搖槳的聲音。欸，讀作「矮」。
2 詬誶：責罵、辱罵。誶，讀作「歲」。
3 朱菊山：本名朱慎，字其恭，號菊山，住在揚州，擅長作詩，性情豪放不拘小節。
4 張迂庵：生平不詳。

◆**朱菊山**[3]**評點：**山老所居，乃城市山林，故其言如此。若我輩日在廣陵城市中，求一鳥聲，不啻如鳳凰之鳴，顧可易言耶！

山老所住的地方是城市中的野外郊區，所以能說出這樣的話。像我們這種居住在揚州城裡的人，要想尋一聲鳥叫，就像尋找鳳凰的鳴叫聲一樣困難，還能如此輕易地說出這話嗎？（編按：山老指的是張潮，其字為山來。）

◆**張迂庵**[4]**評點：**可見對惡少、悍妻，尚不若日與禽蟲周旋也。又曰：讀此，方知先生耳聾之妙。

可見面對地痞流氓、兇悍的妻子，還不如整天與禽獸昆蟲為伍。又說：讀了這篇，才知道張先生所謂耳聾的妙處。

白話翻譯

春天聽鳥鳴聲，夏天聽蟬叫聲，秋天聽蟲鳴聲，冬天聽落雪聲。白天聽棋子落在棋盤上的聲音，月下聽簫聲悠悠。在山裡聽松林風嘯，在河邊聽划船搖槳的聲音，這才不算辜負這對耳朵。但假如聽到地痞流氓的斥罵，兇悍妻子的辱罵抱怨，那還不如耳聾算了。

賞析

本文圍繞著聲音而描寫，給人帶來的感受頗爲傳神，分爲兩個層次——其一，聲音帶給人神清氣爽、心情愉快的愉悅感受，如大自然的蟬鳴鳥叫、落雪聲、風在松林中呼嘯的聲音；人爲的聲音，落棋子的聲音與悠揚的簫聲。其二，聲音帶給人厭惡、煩悶的感受，這類是人爲造成的，如街頭小混混斥罵的聲音，家中兇惡妻子責罵丈夫的聲音。張潮認爲耳朵應該用來聆聽富有美感意境的聲音，如果聽到那些令人心情不愉快的聲音，那簡直是浪費耳朵聆聽聲音的功能了。

這裡運用了修辭法中的映襯，蟲鳴鳥叫與斥責辱罵，形成正反兩面的對比，前者帶給人美感體驗，後者給人厭煩、氣悶的感覺，加強了語氣，讓作者想要表達的思想更顯鮮明，加深了讀者的印象。

上元須酌豪友

上元[1]須酌豪友，端午[2]須酌麗友，七夕[3]須酌韻友，中秋[4]須酌淡友，重九[5]須酌逸友。

1上元：上元節，即元宵節，農曆正月十五日。
2端午：端午節，農曆五月五日。
3七夕：乞巧節，傳說中牛郎織女相會的節日，農曆七月初七夜。
4中秋：中秋節，農曆八月十五日。
5重九：重陽節，農曆九月九日。
6張竹坡：本名張道深，其人介紹請見本書〈編者導讀〉文章。
7顧天石：本名顧彩，字天石，號夢鶴居士，江蘇無錫人。擅長創作戲曲劇本，孔尚任的劇本《小忽雷》，就是由顧天石填詞的。其他戲曲作品有《大忽雷》、《後琵琶記》等等。
8尤謹庸：本名尤珍（一六四七年至一七二一年），字謹庸，一字慧珠，號滄湄，江南長洲縣（今屬江蘇省蘇州市）人，尤侗之子。康熙廿年（一六八一年）進士，曾任翰林院庶吉士，歷任《大清會典》、《明史》、《三朝國史》纂修官。擅長寫作詩歌，著有《滄湄札記》、《滄湄詩鈔》等等。

◆**張竹坡[6]評點：**諸友易得，發心酌之者為難能耳。

這幾種朋友都不難尋，要一起動念共飲卻很困難。

◆**顧天石[7]評點：**除夕須酌不得意之友。

除夕要與不如意的朋友一起共飲。

◆**尤謹庸[8]評點：**上元酌燈，端午酌采絲，七夕酌雙星，中秋酌月，重九酌菊，則吾友俱備矣。

元宵節與花燈共飲，端午節與彩絲共飲，七夕與牛郎織女星共飲，中秋與月亮共飲，重陽節與菊花共飲，那麼我的各種朋友都齊全了。

白話語譯

元宵節要與豪放不羈的朋友共飲，端午節要與佳人共飲，七夕節要與風雅的朋友共飲，中秋節要和淡泊名利的朋友共飲，重陽節要與隱逸的朋友共飲。

賞析

從不同的節日須與不同性格的朋友共飲，便可看出張潮獨特的個性與想法——與其說是去找這些性格的朋友共飲，不如說是張潮對自我的期許。

元宵節要與豪放不羈的朋友共飲，有拋卻過去得失、重新出發的用意，這是張潮的自我期許。他的仕途之路並不如意，屢次參加科舉都沒中榜，導致他多少有一點傷感的情懷。元宵節和豪放的朋友共飲，也是爲了提醒自己不要再沉浸於過去的失意與悲傷中，應該重新振作，以迎接新的一年。

端午節要與佳人共飲，這原本是紀念愛國詩人屈原跳汨羅江自盡的日子，緬懷他愛國卻不屑與佞臣小人同流合汙的節操。張潮所處的時代，滿清政府執政未久，人民還沒從明朝亡國的悲痛中走出；而官場黑暗，就算步入仕途也難保能夠全身而退，倒不如把握時光及時行樂。所以在端午節的時候，不如與佳人一同共飲，體現「人生得意須盡歡，莫使金樽空對月」（李白〈將進酒〉）的情懷。

七夕是傳說中牛郎織女相會的日子，也是中國的情人節，在這麼浪漫的日子裡，當然要與風雅的朋友共飲，這也正體現了張潮性格中風雅的一面。中秋節是闔家團圓的日子，但對於那些旅居異鄉的落魄才子，爲了謀生不得已遠走他鄉的讀書人來說，卻是個傷感的日子。一方面感嘆科舉不第的悲涼，另一方面又感嘆孤身飄零的冷清孤寂，所以要與淡泊名利的朋友在一起，才能開懷暢飲，這又是張潮在提醒自己，要淡泊名利，珍惜眼前才最重要。重陽節是敬老、登高的日子，到山林可以探訪那些隱逸的居士，與他們共飲眞是人生一大快事，可以暫時忘記塵世的喧鬧。

鱗蟲中金魚

鱗蟲1中金魚，羽蟲2中紫燕3，可云物類神仙。正如東方曼倩避世金馬門4，人不得而害之。

1 鱗蟲：身體外表有鱗甲的動物，多指魚和爬蟲類。

2 羽蟲：鳥類，或長有翅膀的小蟲。

3 紫燕：也稱為越燕，江南一帶的燕子。體型嬌小而多聲，頷下紫色，築巢在門框上的橫木上方。

4 東方曼倩避世金馬門：東方曼倩，即東方朔（西元前一五四年至西元前九三年），字曼倩，平原郡厭次縣（今山東省惠民縣）人。博學多才，性格詼諧，著有《答客難》、《非有先生論》。金馬門，古代官署門旁有銅馬，故稱金馬門，為官署的代稱。典故出自《史記・滑稽列傳》東方朔歌：「陸沉於俗，避世金馬門。」大意是說：他在宦海中避世。

5 江含徵：本名江之蘭，其人介紹請見本書〈編者導讀〉文章。

白話翻譯

鱗蟲中的金魚，羽蟲中的紫燕，都可以說得上是動物類中的神仙，正如東方朔在朝堂中避世一樣。

◆**江含徵5評點：**金魚之所以免湯鑊者，以其色勝而味苦耳。昔人有以重價覓奇特者，以餽邑侯。邑侯他日謂之曰：「賢所贈花魚，殊無味。」蓋已烹之矣。世豈少削圓方竹杖者哉！

金魚之所以可以免除被下鍋煮來吃的命運，是因為外貌突出而味道苦。以前有人用高價尋覓樣貌奇特的金魚，送給縣令。縣令改日遇到他就說：「你所送來那條色彩鮮艷的魚，吃起來沒什麼滋味。」可見已經煮來吃了。世上有眼無珠的人難道還會少嗎？

賞析

把金魚、紫燕比喻爲神仙，是因爲這兩種動物都具有一種共同的特性，即——看似無用，卻因此能活得長久。這是因爲牠們對人沒有用處，所以人不會去宰殺牠們，因而得以享壽。金魚，不會被煮來吃，是因爲味道不好；而紫燕則是有吉祥寓意，所以人們也不會殺來吃。從金魚和紫燕這兩種動物身上，可以學到躲避殺身之禍的方法，就是——讓自己看起來沒有用處，那麼就可以長久地活下去，避免人類的迫害。這是道家全身保命的「養生」之道，《莊子．逍遙遊》中有這樣一則故事，惠施對莊子說：他有一棵大樹長得很高大，枝葉捲曲，樹幹盤根錯節，工匠都認爲不適合拿來做家具，看起來一無是處。莊子說：正是因爲如此，這棵樹才能躲避被砍伐的命運，安享天年。因此，看來無用處的東西，反而能活得長久。

物猶如此，人也亦然。張潮所處的清朝，是政治黑暗的時代，讀書人就算能入朝做官，想要全身而退也不是一件容易的事。他嚮往像東方朔那樣，既能入朝爲官，又能全身保命，這也是他對自我的期許。

入世須學東方曼倩

入世須學東方曼倩①，出世須學佛印了元②。

1東方曼倩：本名東方朔（西元前一五四年至西元前九三年），字曼倩，平原郡厭次縣（今山東省惠民縣）人。博學多才，性格詼諧，著有《答客難》、《非有先生論》。

2佛印了元（一〇三二年至一〇九八年）：北宋僧人，俗姓林，名了元，字覺老，饒州浮梁（今江西省景德鎮市）人。歷任淮山斗方寺、廬山開先寺等寺院住持。和周敦頤、蘇軾這些文人交好，蘇軾被貶官居住在黃州時，兩人常有唱酬往來。

3江含徵：本名江之蘭，其人介紹請見本書〈編者導讀〉文章。

4石天外：本名石龐（一六七一年至一七〇三年），字天外，號晦村學人，又號天外生。清代太湖（今屬安徽）人。在文學上頗有造詣，尤長於戲曲，著有傳奇《因緣夢》、《後西廂》等等。

白話翻譯

進入紅塵俗世當以東方朔爲學習榜樣，出離世間當以佛印了元爲學習榜樣。

◆**江含徵③評點：**武帝高明喜殺，而曼倩能免於死者，亦全賴喫了長生酒耳。

武帝倚仗著權勢威嚴，動不動就殺人，東方朔能免於被殺害的下場，全仰仗他喝了長生酒。

◆**石天外④評點：**入得世，然後出得世。入世出世，打成一片，方有得心應手處。

能夠融入世俗，又看破紅塵、脫離世間。入世與出世，彼此融合為一，不分彼此，人生才能順利無礙。

賞析

這則小品文揭示了張潮對入世與出世兩種人生觀的看法。無論入世或者出世，他的中心思想仍是——如何在亂世之中，既能保全性命，又能發揮一己之才，進而實現自己的人生理想。

東方朔是漢武帝時代的臣子，他以滑稽詼諧的方式規勸君王，而取代犯顏直諫的方式，所以才能在爾虞我詐的官場生涯中全身而退。他自詡把朝堂當成避世隱居的場所，正是所謂的「大隱隱於市」。佛印了元則是出家人，他看起來出離了世間，但又與周敦頤、蘇軾兄弟往來唱和，以禪入詩，雖然脫離紅塵世俗，沒有直接參與政治，卻仍不忘文人以詩文修生養性、教化民心的一貫宗旨。

本文用了映襯與對偶的修辭法。映襯用以表意，東方朔代表入世的人生觀，佛印了元代表出世的人生觀。將具有鮮明差異的兩個人物，兩相對比，加強了說話行文的語氣。對偶則在形式上使句式整齊，方便讀者朗朗上口，入世與出世相對，東方朔與佛印了元相對。

11

賞花宜對佳人

賞花宜對佳人，醉月宜對韻人，映雪[1]宜對高人[2]。

1 映雪：欣賞雪景。
2 高人：超塵脫俗、品行高潔的隱士。
3 江含徵、張竹坡：兩位文人的介紹，請見本書〈編者導讀〉文章。

白話翻譯

賞花應邀佳人為伴，月下飲酒應當與風雅之士一同，雪景應和隱士共賞。

◆江含徵評點：若對此君仍大嚼，世間那有揚州鶴？

如果對著竹子還能大口吃肉，世上哪裡有這等既能得道成仙、又能腰纏萬貫的稱心如意之事？

◆張竹坡[3]評點：聚花、月、雪於一時，合佳、韻、高為一人，吾當不賞而心醉矣。

將花、月、雪聚在同一個季節，讓一個人同時具有佳人、雅士、高士三種特質，我就算不欣賞美景，心，也能陶醉其中了。

賞析

賞花、醉月、映雪，這三者都是令人賞心悅目的事，除了在適當的季節欣賞美景之外，還要邀請合適的人一起共賞。自古許多文學作品，都將花與美人聯想在一起，所以賞花當然要邀佳人、美人同行，才能別具風情，反之當然殺風景。月下飲酒，自然要邀請風雅的人一同作伴，一邊喝酒，一邊吟詩作對，乃人生一大快事；反之，若相伴之人是不解風情的俗人，所談論的都是世間的俗事，那麼即便月亮再美，酒再醇厚，也無心細品了。冬天賞雪，雪，象徵著君子高潔、不爲紅塵俗世玷汙的崇高品德，自然是要與高人隱士一同欣賞；反之，若與只想追逐名利權勢的人作伴共賞，不免糟蹋了這美景。

對淵博友

對淵博友，如讀異書；對風雅友，如讀名人詩文；對謹飭[1]友，如讀聖賢經傳；對滑稽友，如閱傳奇小說[2]。

1 謹飭：言行謹慎。飭，讀作「赤」。

2 傳奇小說：傳奇，是中國古代小說與戲曲的名稱。傳奇小說，源於六朝的志怪小說，盛行於唐代。在宋、元兩朝，則是對戲文、諸宮調、雜劇的稱呼；在明、清，則泛指戲曲。

3 李聖許：生平不詳。

4 張竹坡：本名張道深，其人介紹請見本書〈編者導讀〉文章。

白話翻譯

面對學問淵博的朋友，就像在讀難得一見的奇書；面對風雅的朋友，就像在讀名人的詩文作品；面對小心謹慎的朋友，就像在讀聖賢所著的經典；面對滑稽詼諧的朋友，就像在讀傳奇小說。

◆**李聖許**[3]**評點：**讀這幾種書，亦如對這幾種友。

讀這幾種書，也如同跟這幾種朋友相處。

◆**張竹坡**[4]**評點：**善於讀書、取友之言。

這是善於讀書、交友之人，才說得出來的話。

賞析

這是以書籍類型來比喻人格特質，張潮認為可分成四種類型——第一類，以奇書比喻學問淵博的人。奇書，往往蘊含了卓越不凡的見解；而知識廣博的人，剛好具備了這樣的特質，與之相處，無形之中能增廣見聞。第二類，以名人詩文作品比喻風雅之士。詩詞文章屬於文學創作，文人在創作時，往往在所要吟詠描寫的景物與事件上，賦予了個人的美感體驗；而那些風雅的人，更能在日常生活中體驗美感，比常人更懂得享受生活。

第三類，則以聖賢經典比喻小心謹慎的人。古聖先賢所流傳下來的作品，是用以教導我們正確的待人處事之方；而小心謹慎的人，極為循規蹈矩，就像經典中所寫的禮儀規範與做人處事的道理那般，絲毫不敢逾越本分。第四類，以傳奇小說比喻滑稽的人。傳奇小說目的在娛樂讀者，而滑稽詼諧的人，他們的言談舉止，也能收令人會心一笑之效。

這四種人格特質的朋友，就像一本本活生生的書籍教材，與之交往，不僅能夠在他們身上吸取不同的經驗，更能將書本中的知識以生動的言傳身教展現出來，閱人所得的收穫，往往比讀書更為豐富。

楷書須如文人

楷書須如文人，草書須如名將。行書介乎二者之間，如羊叔子緩帶輕裘①，正是佳處。

1 羊叔子緩帶輕裘：羊祜（二二一年至二七八年，祜讀作「護」），字叔子，三國魏末晉初泰山南城（今山東省平邑縣魏莊鄉境內）人。平時不穿鎧甲，衣帶寬鬆，穿輕暖皮裘，以懷柔政策與德行服人，深得將士民心。

2 張竹坡：本名張道深，其人介紹請見本書〈編者導讀〉文章。

3 羲之必做右將軍：本句由來應源於以下——王羲之是東晉知名書法家，所寫〈蘭亭集序〉一文被譽稱為「天下第一行書」。然而，王羲之不僅以行書、楷書聞名於世，他更將楷書草書化，進而奠定了「今草」的體式。王羲之有政治世家背景，雖是文人，但曾受封右軍將軍，世稱「王右軍」。

◆**張竹坡②評點：**所以羲之必做右將軍③。

這就是為什麼，王羲之必定要做右將軍了。

白話翻譯

楷書要寫得像文人那般端正，草書要寫得像名將那樣豪放，行書則要介於兩者之間。就像身為武將的羊叔子，卻穿著文人的衣帽那樣，最為絕妙。

賞析

這則小品文看似在說書法，實際上在談張潮對古代讀書人品格的期許，而這也是他對自己的勉勵。楷書形體方正，正如文人的品行需端正；草書則是隨意揮灑，就像武將那樣豪放不羈。然而，過猶不及都不好，最好還是能體現中庸之道、不偏不倚的精神為佳，即——既有文人端正的品德，又兼具武將豪放瀟灑的性格，如此可以擺脫讀書人酸腐之氣，又不像武將那樣，只能當個莽夫而失卻了斯文。

這樣的人格典範，張潮以魏晉時代的羊祜作為例子。三國時代，晉滅亡後，魏取而代之，司馬炎有吞併吳國的野心，便任命羊祜坐鎮襄陽，都督荊州諸軍事。羊祜在此後的十年中，開墾良田，興辦學校，在賞罰方面很寬容，重視百姓的教化；另一方面則訓練士兵，增加防禦工事。羊祜文武雙全，對百姓士兵的訓練文武並重，這樣的人品是值得所有知識份子一起共勉的。

人須求可入詩

人須求可入詩，物須求可入畫。

1龔半千：龔賢（一六一八年至一六八九年），又名豈賢，字半千，號半畝，晚號柴丈人。江蘇昆山人，擅長書法與繪畫，是金陵八家之一。著有《香草堂集》。

2張竹坡：本名張道深，其人介紹請見本書〈編者導讀〉文章。

白話翻譯

人應該努力讓自己具備可以被寫入詩中的韻味美感，物品則需具備可以入畫的優美外觀。

◆龔半千[1]評點：物之不可入畫者，豬也，阿堵物也，惡少年也。

事物不能用來臨摹作畫的，只有豬、錢和市井無賴。

◆張竹坡[2]評點：詩亦求可見得人，畫亦求可像箇物。

好詩的要求是，讀之，如見其人；好畫的要求是，見畫，如見其物。

賞析

自古，詩畫不分家，兩者都是呈現美感的藝術表現形式。蘇軾曾經稱讚王維的畫作：「味摩詰之詩，詩中有畫；觀摩詰之畫，畫中有詩。」（宋代蘇軾《東坡題跋・書摩詰〈藍田煙雨圖〉》）摩詰，是唐代詩人王維的字，這首詩的意思是：「玩味王維的詩作，彷彿一幅栩栩如生的畫作呈現在眼前；觀看王維的畫作，彷彿能在其中感受到詩的風韻。」詩歌寫到傳神之時，即便只透過文字的敘述，也能對景物有生動的描寫，使讀詩的人如身入其境一般；欣賞一幅成功的畫作，雖然是透過對景物的描繪，卻也能將詩的韻味表現出來，這便是詩與畫的極致表現。

張潮在此則透過詩與畫的藝術特色，展現他對人的品格特質的要求與期許。人不可枯燥無味、只知一味地墨守成規；許多古代的讀書人，都只是遵奉古聖先賢的教誨，未能深入了解聖人的用意，而把禮儀規範當成一種外在的形式標準，只是死守這些教條，卻失卻了眞性情。所以張潮說「人須求可入詩」，即——人，要具備詩的風雅意趣，在做人處事的道理上，要以聖人的教誨爲基本方向，然而也要能跳脫儒家禮教的桎梏，活出自己的眞性情來。而在作畫的時候，要選擇那些能符合美的標準的事物來入畫，如此才能使欣賞畫作的人，感到賞心悅目。

少年人須有老成之識見

少年人須有老成[1]之識見，老成人須有少年之襟懷[2]。

1老成：此指老年人，閱歷豐富、見識廣博之人。
2襟懷：胸襟懷抱。
3江含徵、張竹坡：兩位文人的介紹，請見本書〈編者導讀〉文章。

白話翻譯

年輕人期有年長者的見解，老年人則要有年輕人積極進取的胸懷。

◆江含徵評點：今之鐘鳴漏盡、白髮盈頭者，若多收幾斛麥，便欲置側室，豈非有少年襟懷耶！獨是少年老成者少耳。

當今世上，年已遲暮、滿頭白髮的人，若是多收割了幾斛麥子、多賺些錢，就會想要納妾，這難道不是年輕人的情懷嗎？少年老成的人，倒是少見。

◆張竹坡[3]評點：十七八歲便有妾，亦居然少年老成。

十七八歲的小夥子連妾都娶了，這也是少年老成的一種表現。

賞析

年輕人充滿朝氣，對未來充滿憧憬，因而積極進取、奮發向上，為未來打拚；然而閱歷不夠、經驗不足，待人處事稍嫌莽撞。老年人往往歷經滄桑，在待人處事上經驗較豐富，他們成熟穩重，處事不易魯莽衝動，但卻對新事物的接受度比較低，也比較不願意去學習新的技能與知識。因此，張潮認為，理想的人格應該是——年輕人要有老年人的成熟穩重，要能廣泛地吸收知識與經驗，增廣自己的見聞；老年人也不要故步自封，要學習少年人的胸懷，多方接受與自己不同的人事物，學習新知，自我充實。這是張潮理想中的人格，也是他對自我的期許。

本文運用了映襯修辭法中的反襯，將少年人與老年人的特質互換，呈現出強烈對比，更可看出老年人與少年人之間的差距，這種表現手法極其高明。

春者天之本懷

春者天之本懷①，秋者天之別調②。

1本懷：本有的心意、心願。

2別調：另一種風情。

3袁中江：本名袁啟旭，字士旦，號中江，安徽宣城人。擅長作詩與書法，著有《中江紀年詩集》。

4陸雲士：本名陸次雲，字雲士，浙江錢塘（今浙江杭州）人，拔貢生，擔任江蘇江陰知縣等官職。著有《澄江集》、《北墅緒言》。

白話翻譯

春季生機盎然，是上天本有的心願；秋季草木凋零，則是上天的另一番風貌。

◆**袁中江③評點：**得春氣者，人之本懷；得秋氣者，人之別調。

擁有春天生機勃發之氣的，是人原本的樣貌；而擁有秋天蕭瑟爽朗之氣的，則是別具風情之人。

◆**陸雲士④評點：**和神當春，清節為秋，天在人中矣。

神氣清和為春天，操守高潔為秋天，人貴能體會此等天道。

賞析

這裡的「天之本懷」，若從儒家思想的角度看，則上天創生天地萬物，賦予了他們生命。《易經・乾象》說：「大哉乾元，萬物資始。」這個「乾元」是上天創生天地萬物的本源，其作用就是作爲天地萬物的開始；因爲有創生的動力（乾元），萬物才能生生不息地繁衍下去。春天生機盎然，草木蓬勃生長，正體現了天的創生性，且春天作爲一年的開始，就如同「乾元」作爲《易經》六十四卦的卦首，象徵著生命的開始與起源。

因此，人也應當順天命而爲，人之稟受於天者是我們的本心、善性，所以我們待人處事，應當順著我們原有的善性去行事，這樣才是順應天命。秋天，草木搖落凋零，象徵肅殺之氣，古代行刑多在秋天也正是因爲如此。有生必有死，這是大自然的法則，而秋天的草木凋零，正是上天藉此來警示死亡、衰敗之兆，提醒人們，凡事不要做得太絕，要留有餘地，否則將會大難臨頭，甚至有性命之憂。

若無花月美人

昔人云：「若無花月美人，不願生此世界。[1]」予益一語云：「若無翰墨[2]棋酒，不必定作人身。」

1若無花月美人，不願生此世界：這兩句話，是明代的陸紹衍在其《醉古堂劍掃》一書中所說。

2翰墨：借指文章書法與繪畫。

3殷日戒：本名殷曙（一六二四年至？年），字日戒，號竹溪，清代安徽歙縣（歙在此讀作「社」）人。原是張潮父親張習孔的門人，後亦和張潮交情不錯。著有《竹溪雜述》等書。

4顧天石：本名顧彩，字天石，號夢鶴居士，江蘇無錫人。擅長創作戲曲劇本，孔尚任的劇本《小忽雷》，就是由顧天石填詞的。其他戲曲作品有《大忽雷》、《後琵琶記》等等。

白話翻譯

有人曾說過：「如果沒有美麗的花、皎潔的月亮與美麗的佳人，就不願生活在這個世界上。」我再加一句：「如果沒有文章、書畫、奕棋、美酒，那就不一定非得做人了。」

◆**殷日戒**[3]**評點：**枉為人身，生在世界者，急宜猛省。

生在這個世界上而枉為人的人，應當儘快自我省悟。

◆**顧天石**[4]**評點：**海外諸國，決無翰墨棋酒，即有，亦不與吾同，一般有人，何也？

海外各國沒有翰墨棋酒，就算有，也和我國不同，可那裡依然有人類存活，這是為什麼呢？

本文圍繞著「美」這個主題來行文，作者藉此抒發自己在生活中對美的內心感受與體悟。花、月、美人，這三者都是具備美的事物，可以帶給人美感的主觀感受，這世上正因爲有這三樣東西，才不至於枯燥無趣，所以說，若沒有了這三樣東西，活在世上便失去意義。

張潮又說，文章、書畫、奕棋、美酒這四者也缺一不可，反則失去了人之所以爲人的樂趣。文人素喜舞文弄墨，下棋與飲酒更是缺一不可，因爲文章、書畫是人爲的創作，能帶給人美的感受，而下棋與飲酒則能爲生活增添樂趣，這四者幾乎成了古代文人雅士的標誌特徵，若沒有它們，那麼文人便不是文人了。

願在木而為樗

願在木而為樗[1]（不才終其天年），願在草而為蓍[2]（前知[3]），願在鳥而為鷗（忘機[4]），願在獸而為廌[5]（觸邪[6]），願在蟲而為蝶（花間栩栩），願在魚而為鯤[7]（逍遙遊[8]）。

1 樗：讀作「書」，植物名，落葉喬木，亦稱「臭椿」。
2 蓍：讀作「詩」，植物名，古人取其莖用以占卜。
3 前知：預測未來。
4 忘機：不爭名奪利，與世無爭。
5 廌：讀作「至」，神話中的獨角獸，能明辨是非對錯。
6 觸邪：指廌能辨識邪惡。若有兩人相爭，牠會用角去觸碰無理邪惡之人。
7 鯤：一說為魚卵，一說為古代傳說中的大魚。
8 逍遙遊：戰國時代莊周所撰《莊子》一書的篇名，屬於內七篇當中的一篇，取其逍遙無待之意。
9 鄭破水：本名鄭晉德，字破水，清代安徽歙縣（歙在此讀作「社」）人，著有《三友棋譜》。
10 弟木山：張潮的弟弟張漸，字進也，又字木山，曾參與《昭代叢書》的編纂工作。

◆鄭破水[9]評點：我願生生世世為頑石。

我希望生生世世都能做一顆頑石。

◆弟木山[10]評點：前四願皆是相反。蓋「前知」則必多「才」，「忘機」則不能「觸邪」也。

前面四個心願都是兩兩相反。要能預知未來，必須要先有才學；若泯除了心機狡詐，就不能辨識奸邪。

白話翻譯

希望做樹木中的樗樹（看似無用卻能終享天年），希望做草中的蓍草（能夠預知未來），希望做鳥中的海鷗（可以與世無爭），希望做走獸中的獨角獸（能夠辨識奸邪），希望做昆蟲中的蝴蝶（可以在花叢中自在飛舞），希望做魚中的鯤（可以化成大鵬鳥自在遨遊）。

賞析

本文展現了作者的自我期許，同時也反映出他的心境——人在不如意時，往往會想借用老莊思想來消極避世，張潮本文的主旨便是與世無爭，逍遙自在。然而在人世間又如何能自在逍遙？張潮曾經科舉數次落榜，現實生活中屢遭挫折，到了晚年甚至被人誣陷入獄，這種種逆境都讓他想尋一個「無何有之鄉」以消極避世。

他希望做樗樹，典出《莊子・逍遙遊》中的故事，惠施對莊子說：「吾有大樹，人謂之樗。其大本擁腫而不中繩墨，其小枝卷曲而不中規矩，立之塗，匠者不顧。」（我有一棵大樹，人稱之爲樗，他的根部隆起不平直，沒法用繩墨取直，枝幹卷曲沒法用尺規測量，它長在路上，工匠對它不屑一顧。）莊子回答：「今子有大樹，患其無用，何不樹之於無何有之鄉，

廣莫之野，彷徨乎無為其側，逍遙乎寢臥其下。不夭斤斧，物無害者，無所可用，安所困苦哉！」（你現在有一棵大樹，與其煩惱它無法做家具器皿，爲你所用，倒不如順其本性，把它種在一個什麼都沒有的地方，那裡有無限寬廣的空間，你可以什麼都不做地徜徉在它身邊，逍遙自在地睡臥其下。它不受斧頭人爲的迫害，它一無是處，又有什麼好困苦的呢？）「無何有之鄉，廣莫之野」，是一種理想的境界，能夠泯除相對是非價值標準的修養心境，只有在這裡才能讓看似無用的大樹不受人爲的迫害，保全自身性命。

鯤鵬之喻亦出自《莊子·逍遙遊》。鯤的本意是小魚卵，莊子卻將它說成一條身長達幾千里的大魚，這是生命由小而大的成長；這條大魚衝出了海面，化成一隻大鵬鳥，牠的背也有幾千里那麼大，翅膀如覆蓋天際的雲層那麼寬廣，這是生命的自我提昇與超越，象徵超脫人世間的束縛與桎梏，自在地翱翔於天際之中。張潮一生經歷了許多困頓、不如意之事，自然嚮往能解脫世俗的枷鎖，逍遙自在。

古今人必有其偶雙

黃九煙[1]先生云：「古今人必有其偶雙[2]，千古而無偶者，其惟盤古乎？」予謂盤古[3]亦未嘗無偶，但我輩不及見耳。其人為誰？即此劫[4]盡時最後一人是也。

1 黃九煙：本名黃周星（一六一一年至一六八〇年），字景虞、略似，號九煙、圃庵、笑倉道人。江南上元（今江蘇南京）人，明崇禎十三年（一六四〇年）進士，朝廷授予戶部主事官職。明朝滅亡後不出仕做官，以教授經書為業。清康熙十九年（一六八〇年）跳河自殺。著有《夢史》《圃庵詩集》《百家姓編》等書。

2 偶雙：能夠比肩、並列之人。

3 盤古：中國古代神話中，開天闢地的人。

4 劫：為梵語「kalpa」音譯「劫波」的簡稱。佛教認為，世界經歷若干萬年就會毀滅一次，再重新創造出來，這個週期稱為「一劫」。

5 孫松坪：本名孫致彌，字愷似，號松坪，江南蘇州府嘉定縣人。生卒年不詳，約康熙年間在世。康熙廿七年（一六八八年）進士，官至侍讀學士。著有《杕左棠集》、《杕左棠續集》和《杕左棠詞》；杕，在此讀作「第」。

6 洪秋士：本名洪嘉植，字去蕪，號秋士，清代安徽歙縣（歙在此讀作「社」）人。著有《大蔭堂集》。

◆**孫松坪[5]評點：**如此眼光，何啻出牛背上耶？

這樣的眼光，豈止是有遠見而已？

◆**洪秋士[6]評點：**偶亦不必定是兩人，有三人為偶者，有四人為偶者，有五、六、七、八人為偶者。是又不可不知。

相匹的也不一定只能是兩個人，也有三人相配、四人相配的，更有五、六、七、八人相配。這是無從得知的。

白話翻譯

黃九煙先生說：「從古到今，每個人都必定能找到與他並肩之人，千載以來有誰是孤身站在頂峰的呢，大概也只有盤古一個人吧？」我則說，盤古也未嘗沒有能與他並列之人，只是我們無法見到罷了。那個人是誰？就是，當這個世界毀滅時，所存的最後一人。

賞析

古人常有「高處不勝寒」（宋代蘇軾〈水調歌頭〉）之感嘆，人位居頂峰，反而覺得孤單寂寞，黃九煙先生的這句話也算是一種自我安慰——在這個世界上，無論你的才華有多麼獨特，古往今來總能找到一個與你實力相當的人，你不會是孤單寂寞的，以此慰解冷清孤寂的自我感受。若眞要說，有無法與之相配的人，大概就是那位開天闢地的盤古了吧？

張潮則對黃九煙這段話提出了反駁，認爲即便是盤古也有能與他相匹敵的人，那就是，當世界毀滅時，所剩下的最後一人。盤古代表了天地的開始，而劫盡的最後一人則代表結束，由始與終相配，著實絕妙。張潮在此，使用了修辭法中的設問，先用問句引起讀者的注意，後面再給出答案。

古人以冬為三餘

古人以冬為三餘[1]。予謂當以夏為三餘：晨起者夜之餘；夜坐者晝之餘；午睡者應酬人事之餘。古人詩云：「我愛夏日長。[2]」洵[3]不誣也。

白話翻譯

古人把冬天當作一年之中的三個空閒時間之一，我則認爲應當把夏季也列入——清晨起來，是夜晚的空閒時間；夜晚閒坐，是白天的空閒時間；午睡，是交際應酬的空閒時間。古人在詩中說「我愛夏日長」，此話確然。

1 三餘：典故出自《三國志・卷一三・魏志・王肅傳》注引《魏略》：「冬者歲之餘，夜者日之餘，陰雨者時之餘也。」意思是說：「冬天是一年之中的空閒時間，夜晚是一天之中的空閒時間，下雨天是平常的空閒時間。」董遇以此來教導學生要充分利用閒暇讀書。

2 我愛夏日長：典故出自唐文宗李昂與柳公權的〈夏日聯句〉一詩：「人皆苦炎熱，我愛夏日長。」

3 洵：讀作「尋」，誠然，確實。

4 張竹坡：本名張道深，其人介紹請見本書〈編者導讀〉文章。

5 張迂庵：生平不詳。

◆張竹坡[4]評點：眼前問冬夏皆有餘者，能幾人乎？

現在問問，能有幾人在冬季與夏季都有空閒的？

◆張迂庵[5]評點：此當是先生辛未年以前語。

這應該是張潮先生在康熙卅年（一六九一年）以前所說的話。

賞析

這裡的「三餘」，是告訴我們，古人如何利用空閒時間，無論是冬爲三餘，還是夏爲三餘，都是要我們利用短暫的時間片段讀書，以充實自己。

現代人的生活太過繁忙，要想利用閒暇讀書，總不太抽得出空來。學生平常要去學校上課，對他們來說讀書就是工作，所以放了學就想做一些與書本無關的事情。然而，學校所教的是專業的知識，放學後則可利用閒暇時間讀些自己有興趣的課外讀物。進入社會的人平常工作繁忙，下班後或可利用等車等空閒時間，讀些輕鬆的詩歌與小品文，這類讀物篇幅短小，能讓人從一整天的工作抽離跳脫出來，給自己的心截然不同的感受與養分。

莊周夢為蝴蝶

莊周[1]夢為蝴蝶，莊周之幸也；蝴蝶夢為莊周，蝴蝶之不幸也。

1 莊周：戰國時代宋國蒙（今安徽蒙城）人，曾在蒙地境內的漆園為吏。道家學派的代表人物，主張逍遙、無為的思想，著有《莊子》一書傳世，又稱《南華經》。

2 黃九煙：本名黃周星（一六一一年至一六八〇年），字景虞、略似，號九煙、圃庵、而庵笑倉道人。直隸上元縣（今江蘇南京）人，明崇禎十三年（一六四〇年）進士，朝廷授予戶部主事官職。明朝滅亡後不出仕做官，以教授經書為業。清康熙十九年（一六八〇年）跳河自殺。著有《夢史》《圃庵詩集》《百家姓編》等書。

3 江含徵：本名江之蘭，其人介紹請見本書〈編者導讀〉文章。

◆**黃九煙[2]評點：**惟莊周乃能夢為蝴蝶，惟蝴蝶乃能夢為莊周耳。若世之擾擾紅塵者，其能有此等夢乎？

只有莊周這樣超凡脫俗的人才能夢見自己變成蝴蝶，也只有像蝴蝶這樣天真自然的存在才能夢見自己變成莊周。在紅塵俗世中打滾的芸芸眾生，哪裡能做這種逍遙自在的夢呢？

◆**江含徵[3]評點：**周之喜夢為蝴蝶者，以其入花深也。若夢甫酣而乍醒，則又如嗜酒者夢赴席，而為妻驚醒，不得不痛加詬誶矣。

莊周覺得夢見自己變成蝴蝶很值得慶幸，是因為他喜歡遊園賞花。如果剛做了一個美夢又馬上醒來，或者嗜酒如命之人夢見去參加宴席，卻被妻子吵醒，就只能痛斥妻子擾人清夢了。

白話翻譯

莊周夢見自己變成蝴蝶，打破了人與蝴蝶形體的界線，融合爲一，是莊周的幸運；蝴蝶夢見自己變爲莊周，失去了牠原本的天眞自然，是蝴蝶的不幸啊！

賞析

張潮此文引用了《莊子・齊物論》中「莊周夢蝶」的典故，原文如下：「昔者莊周夢為胡蝶，栩栩然胡蝶也，自喻適志與！不知周也。俄然覺，則蘧蘧然周也。不知周之夢為胡蝶與，胡蝶之夢為周與？周與胡蝶，則必有分矣。此之謂物化。」這段話大意是說：「莊周夢見自己變成蝴蝶，隨心所欲地在花叢中飛舞，是何等自適快意啊，完全忘記自己是莊周。等到一覺醒來，才發現自己不是蝴蝶，而是莊周。在夢中渾然忘我，分不清是莊周夢見自己變成蝴蝶，還是蝴蝶夢見自己變成莊周。莊周與蝴蝶，是人與昆蟲的區別，這是兩種不同的個體，但卻能夠融合爲一體，這個就是物我之間轉化的奧妙。」《莊子》所說的「物化」，是指人化消了對自我形體的固執，而提昇了生命的境界，蝴蝶就是這種逍遙自在生命境界的象徵。

《莊子》的「莊周夢蝶」意味著人的修養與生命境界的體悟；而張潮的夢蝶說，則點出每個失去赤子之心的人的無奈與悲涼。他認爲，莊周夢見自己變成蝴蝶，是生命境界的提昇，不再受到莊周這個人形體的束縛，心靈像蝴蝶一樣自由自在、不受拘束，是可喜可賀的事，所以說是幸運。那麼，爲什麼說對蝴蝶是不幸呢？蝴蝶，原本自由自在地在花叢中飛著，沒有塵世的煩惱，如同剛出生的嬰兒一樣，天眞自然，只要做自己，無需曲意迎合世俗的觀點，也無需爭強鬥勝，是非常愜意自在的，這就是所謂的「赤子之心」。但嬰兒長大之後，開始受到世俗標準框架的束縛，被要求成爲世人心目中有用的人，讀書時爭第一，工作時比薪水、比職位的高低，不知不覺便喪失了原有的天眞自然。蝴蝶變成人，如同嬰兒長大成人，受到了人世間種種價值觀點的束縛，不知不覺失去了原本的自在快樂，而活成被社會環境塑造出來的樣子，所以說，是蝴蝶的不幸，也是嬰兒的不幸。

藝花可以邀蝶

藝[1]花可以邀蝶，纍石[2]可以邀雲，栽松可以邀風，貯水可以邀萍，築臺可以邀月，種蕉可以邀雨，植柳可以邀蟬。

1藝：種植。

2纍石：把石頭堆疊起來，指造假山。纍，讀作「累」的二聲。

3尤慧珠：本名尤珍（一六四七年至一七二一年），字謹庸，一字慧珠，號滄湄，江南長洲縣（今屬江蘇省蘇州市）人，尤侗之子。康熙廿年（一六八一年）進士，曾任翰林院庶吉士，歷任《大清會典》、《明史》、《三朝國史》纂修官。擅長寫作詩歌，著有《滄湄札記》、《滄湄詩鈔》等等。

4倪永清：生卒年不詳，法名超定，清代松江（在今上海市境內）人。

5陸雲士：本名陸次雲，浙江錢塘人，拔貢生，擔任江蘇江陰知縣等官職。著有《澄江集》、《北野緒言》。

◆尤慧珠[3]評點：賢主人非心齋而誰乎？

賢良的主人不是心齋，還能是誰呢？

◆倪永清[4]評點：選詩可以邀謗。

編選詩集可能招來誹謗。

◆陸雲士[5]評點：積德可以邀天，力耕可以邀地，乃無意相邀。而若邀之者，與邀名邀利者迥異。

積陰德可以得到上天的眷顧，勤勞耕種可以得到大地的恩賜，這是無意間的邀請而得的。雖說是邀請，卻與求名求利的人截然不同。

白話翻譯

種花可以邀來蝴蝶，堆疊石頭可以邀來雲彩，栽種松樹可以邀來清風，貯存水可以邀來浮萍，築高臺可以邀來明月，種植芭蕉可以邀來雨水，種植柳樹可以邀來蟬鳴。

賞析

張潮在這篇小品文所列舉的花、松樹、芭蕉、柳樹等等，都是古人生活中很常見的，也有人將這些植物種植在園林中以供賞玩。而石頭堆疊的假山、貯水、建築高臺，這幾種則爲人造產物，除了假山沒有實用目的之外，其餘兩者都很實用——貯水，應指水缸貯存的水，貯水的目的是爲了儲備日常所需用水；高臺，是一種高而平、可眺望遠方的建築物，在古代可用作烽火臺，或者警戒戍防之用。

然而，張潮卻從這些事物的實用性質超脫了出來，他只從審美的角度來欣賞植物與人造物，他說：蝴蝶在花叢中飛舞，雲彩漂浮在假山上，風在松林中呼嘯而過，水缸中飄滿浮萍，在高臺可以欣賞明月，雨天能聽到雨水打在芭蕉葉上淅瀝的聲響，蟬在柳樹上鳴叫……

這些全是大自然的景致，可說，張潮的生活充滿了美感的體驗。他把自己當作主人，試圖邀請許多嬌客前來作伴，而這些嬌客能讓原有的花卉、松樹、芭蕉等物更加富有美感，也令生活更增情趣。

景有言之極幽而實蕭索者

景有言之極幽而實蕭索[1]者，煙雨也；境有言之極雅而實難堪者，貧病也；聲有言之極韻而實粗鄙者，賣花聲也。

1 蕭索：冷清衰敗的樣子。

2 謝海翁：本名謝開寵，字晉侯，號海翁，清安徽壽州（今安徽壽縣）人。順治九年（一六五二年）進士，曾任四川宜賓縣縣令，潔身自好，勤政愛民。著有《元寶公案》，被張潮收錄進《檀几叢書》。

3 張竹坡：本名張道深，其人介紹請見本書〈編者導讀〉文章。

白話翻譯

說起來很幽致美好、實際上卻蕭條冷清的景致，指的是煙雨濛濛；說起來很文雅、實際上卻很難堪的處境，指的是貧窮與疾病；說起來很有韻味、實際上卻很粗鄙的聲音，指的是賣花的叫賣聲。

◆**謝海翁[2]評點：**物有言之極俗而實可愛者，阿堵物也。

說起來很俗氣、實際上卻很可愛的事物，就是金錢。

◆**張竹坡[3]評點：**我幸得極雅之境。

我很幸運，得以處在很雅致的環境之中。

賞析

每一件事物都有一體兩面，本文揭露了同一件事物都有正反兩面的不同觀看角度，所以我們在觀察任何事情時，都不該只拘泥於單一面向，而應該反向去思考，也許在逆境中反而能看到一線曙光也說不定。

煙雨濛濛的景色，帶給人的實際感受是寒冷與孤寂，因爲下雨天大家都寧願躲在家中而不願出門，屋外的花草樹木在雨水與寒風的洗滌與吹拂下，飄落凋零，給人一種蕭瑟冷清的落寞之感；然而從審美的角度看，濛濛細雨帶著薄霧，花草樹木無不蒙上一層神祕的面紗，給人一種朦朧的美感。

而在現實的處境裡，貧窮與疾病帶給人的是痛苦與難堪，可張潮卻說這種處境說起來很文雅，這是從儒家的角度看。儒家思想認爲，就算在極度貧窮的處境下，也不能任意改變自己的操守，要堅持君子的品德，不能爲了五斗米就賠了自己的品德操守，而能堅持此原則的多半是學習儒家思想的讀書人，而讀書人給人的印象就是溫文儒雅，所以貧窮與疾病才能與文雅聯想在一起。

市街上賣花的叫賣聲是很吵雜的，且賣花者多爲販夫走卒，所以聽起來很粗鄙；然而因爲賣的是花，又別有一番風韻。

本文展現了言說與實際情況的對比。言說，是因爲經過語言的潤飾，所以多了一種美感與意境；實際情況，是生活中切實的感受，往往與語言表達產生距離，給人極大的反差之感。

才子而富貴

才子而富貴，定從福慧[1]雙修得來。

1 福慧：即福德與智慧。福，是指六度中的布施、持戒、忍辱、精進、禪定等善業；慧，是智慧，是透過聽聞教法、思索義理與修行而獲得。

2 冒青若：本名冒丹書（一六三九年至？年），字青若，號卯君，江蘇如皋人。明代貢生，官同知，侍奉父母至孝。著有：《枕煙堂集》、《西堂集》。

3 陳鶴山：本名陳翼，字鶴山，清代長洲（今江蘇蘇州）人。孔尚任欣賞他的才學，聘他為幕僚。著有：《草堂集》。

白話翻譯

有才華與學問的人，又能富達顯貴，必定是透過了福慧雙修才得以達致。

◆**冒青若[2]評點：**才子富貴難兼。若能運用富貴，才是才子，才是福慧雙修。世豈無才子而富貴者乎？徒自貪著，無濟於人，仍是有福無慧。

才子與富貴難以同時兼得。能妥善運用富貴，才是真正的才子，才是福慧雙修的人。世上難道沒有既是才子又擁有富貴的人嗎？執著於眼前的財富，不捨得布施救濟他人，仍是徒有福德而無智慧。

◆**陳鶴山[3]評點：**釋氏云：「修福不修慧，象身掛瓔珞；修慧不修福，羅漢供應薄。」正以其難兼耳。山翁發為此論，直是夫子自道。

佛家云：「只修福德不修智慧，有如在大象身上掛滿了珍貴的瓔珞項圈。只修智慧不修福德，即便成了阿羅漢，所受到的供養是很少的。」說明了這兩者難以兼備。山翁說這一番話，正是比喻自身的境況。（編按：瓔珞讀作「英洛」，以珠玉做成的項鍊。）

賞析

古代的讀書人想要晉身仕途，唯有科舉考試一途，若能金榜題名，得以入朝爲官，自然是大富大貴，前途不可限量。然而，能夠考上科舉的人畢竟是少數，那些考場失意的落魄才子，多半都是家境貧窮的清寒子弟，生活過得很辛苦。讀書人的夢想都是「學而優則仕」，但有幾人能夠做到，即便是入朝爲官，受到打壓排擠的亦不在少數。是以，落魄的才子，就會羨慕那些既有才學、又能顯貴之人，他們自問並非讀書不夠努力，而是時運不濟，這也只能歸因爲是自己的福德不夠深厚所致，轉而尋求佛教教義來解釋，以求自我慰藉。佛教講輪迴、因果；佛教認爲，當下所獲得的所有果報無論善惡，都源自於以前或是前世所作所爲所種下的因。做善事，自然能得到惡果，做壞事，能得到的只有惡果。那些能獲得特別殊勝因緣的人，如本文所說的「才子而富貴」這樣的人，必然是曾經做過無上功德，福慧雙修的人，因此才能在今生得此善果。

這是在現實生活中不如意的人，爲了自我安慰，所作的一番解釋。張潮雖有才學，卻時運不濟，家道中落，過著貧困的生活，心中難免憤恨不平，才說了這番話以求自我安慰。

新月恨其易沉

新月[1]恨其易沉，缺月[2]恨其遲上。

1 新月：農曆每月初八前後初見的彎形月亮，即上弦月。

2 缺月：農曆每月廿三前後的殘月，即下弦月；此時的月亮，要到下半夜才會升起。

3 冒青若：本名冒丹書，字青若，江蘇如皋人。明代貢生，官同知，侍奉父母至孝。著有：《枕煙堂集》、《西堂集》。

4 張竹坡：本名張道深，其人介紹請見本書〈編者導讀〉文章。

白話翻譯

新月令人遺憾的是，它太快就沉落；殘月，則教人埋怨它升起得太遲。

◆冒青若[3]評點：天道忌盈，沉與遲，請君勿恨。

上天忌恨盈滿，不是沉落就是遲升，請你不要太感遺憾。

◆張竹坡[4]評點：易沉遲上，可以卜君子之進退。

月亮容易沉落或者遲升，可由此占卜君子的進退升謫。

賞析

月亮的盈滿與缺損，常給人一種人事無常的感嘆。眾人往往喜歡滿月而沒那麼喜歡殘月，因爲滿月給人一種圓滿、團圓的喜慶之感，象徵一家人平安和諧，是以中秋佳節是慶祝全家團圓的日子。殘月，有所缺損，象徵事情不如意，留有遺憾，往往令人感嘆辛酸。

藉著月亮抒發心中煩悶的詩歌，歷代都留下了不少，其中較爲著名的，是宋代蘇軾的〈水調歌頭〉：「人有悲歡離合，月有陰晴圓缺，此事古難全。」意思是說：「人世間有悲傷歡樂聚合離散，月亮有陰晴圓缺，這些遺憾是自古以來就難圓滿的。」這也意在給我們警示，當人處在順境安樂時，不要得意忘形，危難可能就藏在後面；處在逆境時，也不要心灰意冷，黑暗總會過去，黎明終會到來。

躬耕吾所不能

躬耕1吾所不能，學灌園2而已矣；樵薪3吾所不能，學薙草4而已矣。

1 躬耕：親自耕種，語出《文選・諸葛亮・出師表》：「臣本布衣，躬耕於南陽。」這句話意思是說：「臣原本出身平民百姓，在南陽這個地方親自耕種維生。」

2 灌園：澆灌花圃。

3 樵薪：砍柴。

4 薙草：除去雜草。薙，讀作「替」。

5 汪扶晨：本名汪士鋐（一六五八年至一七二三年），字文升，號退谷，又號秋泉，清代江南長洲（今江蘇蘇州）人。康熙三十六年（一六九七年）考中進士，官至左春坊左中允。著有《秋泉居士集》，編有《全秦藝文志》、《長安宮殿考》等書。

6 釋菌人：即釋中洲，法名海岳，字菌人，號中洲。擅長繪畫。

◆**汪扶晨5評點：**不為老農，而為老圃，可云半個樊遲。

不當老農夫，而做老園翁，可說是半個樊遲。（編按：樊遲即子遲，是孔子的弟子，曾因請教孔子農事而被訓斥。）

◆**釋菌人6評點：**以灌園、薙草自任自待，可謂不薄。然筆端隱隱有「非其種者，鋤而去之」之意。

以澆灌園圃、剷除雜草為己任，並不算妄自菲薄。然其筆鋒隱隱透露出了「不是他所種的植物，就要剷除」之意。

白話翻譯

親自下田耕種的事我做不來，僅能學學澆灌園圃而已；砍柴我做不到，僅能學除草而已。

賞析

古代讀書人，如果無法晉身仕途或者官場不如意，往往就會回歸田園生活，意即歸家退隱，放棄世俗之路。選擇了這條路的文人，或因政局黑暗，或因時運不濟，不得已才選擇回鄉種田，對他們來說，必須放棄畢生的理想，已經很苦悶了，再加上文人大多對種田耕種之事一竅不通，所以他們的耕種成果往往不如預期。東晉的陶淵明就是個很好的例子，他不願在朝為官，寧願回鄉種田，結果是──「種豆南山下，草盛豆苗稀。晨興理荒穢，帶月荷鋤歸。」（〈歸園田居・其三〉）在南山下種豆，雜草繁盛豆苗稀少。清晨就去打理田地，晚上月亮出來才帶著鋤頭回家。如此早出晚歸辛勤地耕種，卻只得到「草盛豆苗稀」的成果。

張潮亦沒有種田的天分，他既不能下田耕種，也不能上山砍柴，所能做的只是在園圃種種花、除除草而已。無論種田還是種花，都是仕途不順遂的退隱之舉，看似悠閒自得，實則隱含了許多辛酸與無奈。

一恨書囊易蛀

一恨書囊[1]易蛀，二恨夏夜有蚊，三恨月臺易漏[2]，四恨菊葉多焦，五恨松多大蟻，六恨竹多落葉，七恨桂荷易謝，八恨薜蘿[3]藏虺[4]，九恨架花生刺，十恨河豚[5]多毒。

1 囊：袋子。

2 月臺：為了賞月而築的高臺。漏：古代的計時器，此處指時間。

3 薜蘿：薜荔與女蘿的合稱。薜荔是灌木。女蘿，又稱松蘿，是和綠藻類共生的地衣，攀附在其他植物上生長。薜，讀作「必」。

4 虺：毒蛇。虺，讀作「毀」。

5 河豚：一種魚，受到驚嚇就全身鼓脹。味道鮮美，但內臟含有劇毒，誤食可致命。

6 石天外：本名石龐（一六七〇年至？年），字晦村，號天外。清代太湖（今屬安徽）人。在文學上頗有造詣，尤長於戲曲，著有傳奇《因緣夢》、《後西廂》等等。

白話翻譯

第一個憾恨是，書袋容易被蟲子蛀蝕。第二個憾恨是，夏天有蚊子叮咬。第三個憾恨是，在高臺上賞月，時光總是過得很快。第四個憾恨是，菊花的葉子容易焦枯。第五個憾恨是，松樹上常有大螞蟻。

◆石天外[6]評點：予另有二恨：一曰「才人無行」，二曰「佳人薄命」。

我另外有兩個憾恨：一是「有才學的人品性不端」，二是「美麗的女子總是命薄」。

第六個憾恨是，竹子常常落葉。第七個憾恨是，桂花與荷花容易凋謝。第八個憾恨是，薜荔和女蘿中藏有毒蛇。第九個憾恨是，架上鮮花長刺。第十個憾恨是，河豚有毒。

賞析

人生在世常有許多不如意的事，由此生出了許多遺憾怨恨，張潮覺得遺憾之事在生活中很常見，如書袋被蟲蛀蝕、花容易凋謝、竹子常有落葉等等，其實這些都是大自然中常見的現象，如果以平常心來看待，並沒有什麼值得憾恨的地方。例如：蟲子並非故意咬壞書袋，牠們只是憑本能覓食；母蚊子叮咬人是因爲牠需要人血，以哺育下一代；花朵樹木凋零，也是季節更替的正常現象。

張潮所感嘆的是，他所喜愛的、欣賞的美好事物無法永存，無法永遠保持它們最美的樣子，所以無法接受這些美的事物終有一日會面臨凋零死亡的結局。他感嘆「月臺易漏」，是因爲他喜歡賞月，但是愉快的時光總是過得很快，他希望能讓時間永遠停留在愉快賞月的那一刻，但月亮總會沉落，太陽終將升起，快樂的時光總會結束，因而在他心中留下無法永遠存在的遺憾。

事實上，世間一切有形事物都是短暫存在的，沒有一個事物是永恆不變的，無論是日月星辰，或是花草動物，有生必有死，有開必有謝，這是正常的現象。所以，我們要學著接受一切事物皆處在不斷的變動之中，而將心中的遺憾與怨恨放下，這樣，人生就能少些遺憾，多些輕鬆自在。

樓上看山

樓上看山，城頭看雪，燈前看月，舟中看霞，月下看美人，另是一番情境。

1倪永清：生卒年不詳，法名超定，清代松江（今上海市境內）人。

2畢右萬：畢三復，字右萬，清安徽歙縣（歙在此讀作「社」）人，著有《樅亭近稿》。樅，讀作「聰」，冷杉的古稱。

白話翻譯

在樓上眺望遠山，站在城頭賞雪，在燈前看月亮，坐在船上看晚霞，藉著月色看美人，別有一番情景。

賞析

同樣都是欣賞美景，無論是遠山、雪景、月色、晚霞，還是美

◆倪永清[1]評點：做官時看進士，分金處看文人。

做官時，看進士的志向；分錢時，看文人的品德。

◆畢右萬[2]評點：予每於雨後看柳，覺塵襟俱滌。

每次在雨後看柳樹，我覺得世俗之情總能被洗滌乾淨。

人，在適當的時機欣賞這些美景，才能將美景的「美」，最大化地呈現出來。反之，若是在錯誤的時間與地點欣賞這些美景，就會因難以窺見景色全貌而感到遺憾。

例如：站在樓上眺望遠山，可以看到山的全貌；站在城上賞雪，能看到落雪紛飛，又有一種疏離之感，彷彿身不在塵世之中。若是在平地觀山與賞雪，容易被其他遮蔽物擋住，而難以窺見全貌。在燈下看月亮，昏暗的燈光與朦朧的月色相映襯，更有一番情趣；若是在黑暗中欣賞月色，月光本就不強，容易有冷清孤寂之感。在船上看晚霞，正可欣賞到水天一色的美景，彩霞倒映在水中，更顯絢麗耀眼；若是在平地上看晚霞，雖然也能欣賞到雲霞落日之美，卻少了水光對映的樂趣。在月下觀看美人，有種朦朧之美，更添美人風韻；若是在白天觀看美人，則所有瑕疵都將一覽無遺，就算是再美的人，也會大打折扣。

山之光

山之光，水之聲，月之色，花之香，文人之韻致，美人之姿態，皆無可名狀，無可執著。真足以攝召魂夢[1]，顛倒情思[2]。

1攝召魂夢：令人魂牽夢縈，朝思暮想。
2顛倒情思：神魂顛倒，心心念念。
3吳街南：本名吳肅公（一六二六年至一六九九年），字雨若，號晴岩，別號街南，清代安徽宣城人。明末諸生，滿清入主中原後，不入朝為官，改以賣字與行醫維生。著有《雲間雜記》、《街南文集》等書。

白話翻譯

山的光影，流水潺潺的聲音，朦朧的月色，花朵的香味，文人的神韻氣質，美人的容貌神態，都無法用語言來表達，也無法刻意追求，眞是令人神魂顛倒，魂牽夢縈。

◆**吳街南[3]評點：**以極有韻致之文人，與極有姿態之美人，共坐於山水花月間，不知此時魂夢何如？情思何如？

讓極有神韻氣質的文人，與容貌舉止極美的佳人，一同坐在山水間的花前月下，不知這時的魂夢是什麼樣的景象？情意思慕又是什麼樣子？

賞析

山光水聲，月色花香，文人的氣質神韻與美人的容貌神態，這些都是美到極致的事物，而這些事物是沒有具體形象可言的。聲音、光影、月色、花香、氣韻、神態等等，不僅是抽象的，而且是短暫的、轉瞬即逝的，無法永遠保存。正因如此，這些美好而抽象的東西便給人一種如夢似幻的感覺，令人魂牽夢縈，印象深刻。雖然這些抽象的東西依附具體的事物而存在，可這些具體的事物，也無法保證帶給人美感的抽象感官經驗，也能永遠存在。

例如：山的光影，乃依附山這個具體的事物而存在，然而光影的出現只有剎那轉瞬，是無法保存下來的，即便拍照錄影，

也難免失眞。而光影所依附存在的「山」，光影消失了，雖然山依舊在，然而失去了光影的山，也失去了那份美，這樣的山即便存在，也黯然失色。

山的光影、潺潺的水聲、月色花香等等，均是透過我們的眼睛、耳朵、鼻子去看、去聽、去聞的；前者是感官，後者是感官經驗。感官經驗，是抽象的；而語言是有限的，因爲語言指涉的，是具體有形的事物，用以區分事物的不同。例如，當我們說「花」的時候，就不會想到「草」，因爲在我們使用語言的同時，它的具體內涵也同時被規定了。

感官經驗，不僅是抽象的，更是一種美感的象徵，這種象徵一旦用有限的語言去表達，就會令它失眞，無法將它的全貌呈現出來。美感體驗，是個人的主觀感受，也無法用有限的語言將之如實地表達出來，因爲無論如何表達，總會失眞，所以美感的體驗也只能意會而不能言傳。這些帶給人極致美感體驗的事物，是抽象，且短暫存在的，所以無法刻意追求，只能等待它再次出現的時機，正因爲難得，且無法保存，所以令人魂牽夢縈、朝思暮想。

假使夢能自主

假使夢能自主，雖千里無難命駕[1]，可不羨長房之縮地[2]；死者可以晤對[3]，可不需少君之招魂[4]；五嶽[5]可以臥遊[6]，可不俟婚嫁之盡畢。

1 命駕：命人駕車，立刻動身的意思。

2 長房之縮地：長房，指費長房，表字君陵，汝南（今河南上蔡東南）人，東漢時方士。練有縮地術，能縮短欲前往目的地的距離，瞬間前往。事見晉代葛洪的《神仙傳・壺公》：「房有神術，能縮地脈，千里存在，目前宛然，放之復舒如舊也。」這段話意思是說：「費長房能將土地的距離縮短，即便是千里之遙的地方，也能夠馬上到達，收起神術，釋放了土地之後，地表恢復如初。」

3 晤對：面對面交談。晤，讀作「物」，見面。

4 少君之招魂：少君，指李少君，齊（今山東）人，西漢時代方士，傳說能夠招魂。事見《漢武帝內傳》云：「帝思李夫人，得李少君術，以招致其魂。」這段話意思是說：「皇帝思念李夫人，借用李少君神妙的法術，把她的魂魄招來。」

5 五嶽：指的是，中嶽嵩山、東嶽泰山、西嶽華山、南嶽衡山、北嶽恆山。

6 臥遊：不是親自去旅遊，而是藉由欣賞繪畫、遊記、圖片等，引發人的想像力，就如同身歷其境一般。

7 黃九煙：本名黃周星（一六一一年至一六八〇年），字景虞、略似，號九煙、圃庵、而庵笑倉道人。直隸上元縣（今江蘇南京）人，明崇禎十三年（一六四〇年）進士，朝廷授予戶部主事官職。明朝滅亡後不出仕做官，以教經書為業。清康熙十九年（一六八〇年）跳河自殺。著有《夢史》《圃庵詩集》《百家姓編》等書。

8 張竹坡：本名張道深，其人介紹請見本書〈編者導讀〉文章。

◆黃九煙[7]評點：予嘗謂「鬼有時勝於人」，正以其能自主耳。

我曾說過「鬼有時候比人強」，正是因為，它可以自己做主。

◆張竹坡[8]評點：夢魂能自主，則可一生死，通人鬼，真見道之言矣。

夢境的魂魄可以自己做主，就能夠打破生死的界線，往來於人鬼之間，真是洞澈真理的言論啊！

白話翻譯

假如自己可以決定要夢見什麼景象的話，那麼就算千里之遠的地方也能立刻到達，就不用羨慕費長房的縮地術了；若可以和過世之人見面談話，就不需要李少君去招魂了；若可以藉由觀看五嶽奇景的圖片而神遊，就不用等到兒女都嫁娶後再籌備出遊之事。

賞析

每個人在現實生活中都有想要、卻無法實現的願望，可能是受到工作、財力、家庭、環境等外在因素阻礙而不可行，難免遺憾。這種時候，我們就會幻想，如果突然間來了股不可言說的強大助力，讓所有願望都實現該有多好。

張潮也希望自己能有此神通，幫他達成難以實現的願望。他的第一個心願是，可以隨心所欲地去任何地方。古代交通並不如我們現代便利，對我們來說，即便是千里萬里之遙，搭乘飛機、汽車等交通工具，也能夠在幾個小時、至多幾天之內到達，可是在古代若要遠行，恐怕得花上數個月的時間。因此，張潮希望自己能在夢中去到這些在現實之中難以前往的地方，或者給他費長房的縮地術，即能轉瞬而至。

第二個心願是，他希望可以與死去的人談話，這個人可能是他已經過世的親人，由於心中思念，所以希望能再見面，但事實上並不可能達成，所以他希望擁有像李少君那樣的招魂術，讓他能一見朝思暮想的親人。第三個心願是，希望能遊遍五嶽，可是兒女都還沒成家立業，礙於家累而無法前往，所以他便想藉由觀看山水畫、圖片，神遊天外，也算是望梅止渴。

昭君以和親而顯

昭君以和親而顯，劉蕡以下第而傳[1]，可謂之不幸，不可謂之缺陷。

1劉蕡（?年至八四二年，蕡讀作「墳」）：字去華，唐代幽州昌平縣（今北京市昌平區）人。唐文宗太和二年（八二八年），朝廷舉行選拔官員的考試，劉蕡在試卷中大加批評宦官干政、危害國家的現象，考官馮宿、賈餗（讀作「素」）、龐嚴等人雖然欣賞他的見解，卻怕得罪權貴而不敢錄取他。劉蕡後因此事而為世人傳頌。下第：指參加科舉考試落榜不中，也可稱「不第」、「落第」。

2江含徵、尤悔菴：兩位文人的介紹，請見本書〈編者導讀〉文章。

白話翻譯

王昭君因爲遠嫁番邦和親而顯貴，劉蕡因爲科舉落第而揚名天下，這可以說是運氣不好，但不能說是人生不完滿。

◆**江含徵評點：**若故折黃雀腿而後醫之，亦不可。

如果故意把黃雀的腳折斷、再將牠醫好，是否也不能說牠的生命有所缺陷不完滿。

◆**尤悔菴[2]評點：**不然，一老宮人，一低進士耳。

如果不是這等局面，充其量不過就是一名老宮女，和一名無法為官的進士罷了。

賞析

古代讀書人舉凡科舉不如意，或者仕途不順的人，大多會有時運不濟的感嘆，他們覺得自己有滿腹的才華，卻沒有被當權者所欣賞錄用，導致才華被埋沒而心有不甘。張潮此處借用王昭君與劉蕡的事蹟爲例，替這些時運不濟的才子佳人打抱不平，同時也是爲自己仕途坎坷伸冤叫屈。

王昭君在漢元帝時入宮爲宮女，她才貌出眾，因不願賄賂畫師毛延壽，而被畫成醜女不受皇帝青睞。呼韓邪單于求取漢人女子爲妻，漢元帝便將王昭君賜予單于。這時，王昭君的美貌才爲世人所注意，但她卻已要遠嫁番邦和親去了。和親，在當時是無可奈何的事，沒有女子願意嫁到塞外，她雖然得以顯貴，卻得離鄉背井、遠離故土。而劉蕡仕途不順，則是因爲他在應試時直指當時宦官禍亂朝政的現象，說出了當時許多官員的心聲，但主考官因爲怕得罪當權的宦官，所以不敢錄取他。

但張潮認爲，無論是王昭君還是劉蕡，兩位都超群出眾，卻未被當權者賞識，著實不幸；然而，他們最終仍在史上留了名，爲世人所知，所以也不能說他們的人生有缺陷不完滿。

以愛花之心愛美人

以愛花之心愛美人，則領略自饒[1]別趣；以愛美人之心愛花，則護惜倍有深情。

1 饒：在此為「添加」之意。

2 冒辟疆：本名冒襄（一六一一年至一六九三年），字辟疆，號巢民，明末清初江蘇如皋人。擅長書法，著有《巢民詩文集》、《影梅庵憶語》等書。冒穀梁和冒青若是他的兒子。

3 張竹坡：本名張道深，其人介紹請見本書〈編者導讀〉文章。

白話翻譯

以愛惜花卉的心意去愛護美人，就能領略到另一番情趣；以愛護美人的心意去愛惜花卉，對花的憐惜與愛護也會更深切。

◆**冒辟疆**[2]**評點**：能如此，方是真領略、真護惜也。

果能如此，才是真正的領略欣賞，真正的愛護憐惜。

◆**張竹坡**[3]**評點**：花與美人，何幸遇此東君。

花與美人是多麼幸運，能遇到這樣的主人。

賞析

花與美人的共通點就在於，兩者都能帶給人美感的體驗。花是一種植物，沒有喜怒哀樂等情緒，即便再愛護它，也無法給予人直接的回應，即便再喜愛，我們一般也不會想和花卉過於親暱，畢竟人花有別。美人，是人，有喜怒哀樂等情感，你若用心憐惜，美人也會感懷在心，並且回應你的眞切情意。

所以張潮呼籲我們，欣賞美人時，要把美人當成花那樣憐愛，這是要我們對待美人時，要保持距離，切莫太過親近而逾越了禮數，以適當的距離欣賞便好；欣賞花卉時，則要把花當成美人那般愛惜，這樣，就不會隨意踐踏花木了。

在古典文學與詩歌中，文人最常以花比喻美人，花，幾乎成了美人的代名詞，卻很少見到把花當成美人般憐愛的比喻。花畢竟是植物，並無人類的情感，倘若種花的人能把嬌花當成美人愛護，而萬物皆有靈性，相信它們也是會予以回應的，正所謂：「落紅不是無情物，化作春泥更護花。」（清代龔自珍〈己亥雜詩．其五〉）凋謝的花兒不是沒有感情的死物，它們化作了土地的養分，讓花能夠開得更加嬌豔。

美人之勝於花者

美人之勝於花者，解語[1]也；花之勝於美人者，生香也。二者不可得兼，捨生香而取解語者也。

1解語：典故出自五代北周王仁裕所作的《開元天寶遺事．卷下．解語花》：「明皇秋八月，太液池有千葉白蓮數枝盛開，帝與貴戚宴賞焉。左右皆嘆羨。久之，帝指貴妃示於左右曰：『爭如我解語花？』」唐玄宗與一眾貴戚，以及楊貴妃一同觀賞白蓮，在場眾人無不讚嘆花的嬌美，玄宗則指著身旁的貴妃說「怎麼比得上這朵解語花」。意指楊貴妃是解語花，後用以比喻善解人意的女子。

2王勿翦：本名王棠，字勿翦，號燕在閣，清代安徽歙縣（歙在此讀作「社」）人。著有：《燕在閣文集》。

白話翻譯

美人勝過花的地方在於，她們能夠了解人的心意；花勝過美人的地方，在於花有香味。兩者不可同時兼得，只好捨棄花香，而擇能解語的美人。

◆**王勿翦**[2]**評點：**飛燕吹氣若蘭，合德體自生香，薛瑤英肌肉皆香，則美人又何嘗不生香也。

趙飛燕吐氣如同蘭花般芳香，趙合德身體會散發出香氣，薛瑤英的肌膚和肌肉都有香味；如此看來，美人又何嘗不會散發出香味。

賞析

張潮在前一則把花比喻做美人，這一則明確點出了花卉與美人的不同。他認為，花雖然生得嬌豔又有迷人的香味，但始終只是植物，無法與人心意相通；美人，是活生生的人，可以與人溝通，也可能善解人意，正所謂「紅顏知己」；雖無迷人花香，但憑解語這一點，就足以勝過鮮花無數了。

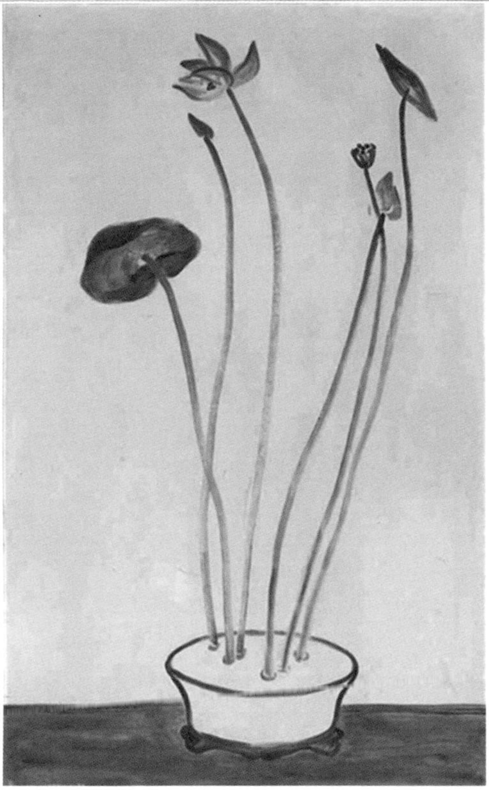

不過，女人也不是不能散發出香氣的，畢竟古代曾有人形容美女「含辭未吐，氣若幽蘭」（三國魏曹植〈洛神賦〉），可見美女還是能散發如同花香般的氣息，若是如此，美人兼具香氣與解語這兩項特質，完全勝過花，那麼也就不存在取捨的問題了。

窗內人於窗紙上作字

窗內人於窗紙上作字，吾於窗外觀之，極佳。

白話翻譯

窗戶裡面的人在窗紙上作字，我則在窗外觀之，覺得好極了。

賞析

本文可分爲兩層意境——第一層，有個人站在窗戶裡面，就著窗紙揮毫，揮毫的人以主觀的角度建構出一個藝術的境界，這個揮毫者就是創作的人，而那幅寫在窗紙上的字則是被創造出來的書法作品。第二層，我站在窗戶外面觀之，極佳。張潮以客體的角度，觀看這個揮毫的人就窗紙創作出的書法作品，此時，這個揮毫的人由主體變成了客體，

◆**江含徵評點：**若索債人於窗外紙上畫，吾且望之卻走矣。

如果是討債的人在窗紙外邊上作畫，我遠遠一看見，就會趕緊走避。

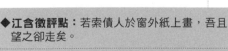

他與他創作出來的書法作品，在張潮眼中變成了一幅被觀看的藝術品，意即這個揮毫者也成了這整體藝術境界的一部分，從而爲張潮帶來了「極佳」的美感體驗。

這則小品文看似是在欣賞藝術作品創造的過程，然而它蘊含了更深層的哲理，值得我們深思——當我在創造一件藝術作品時，這是主觀的；而當別人把我與我的藝術作品當成一個藝術境界來欣賞時，就由主觀轉化成了客觀。這裡展現了事物之間的相對性。當我們從自己的視角來觀看這世界時，會覺得主觀視角似乎是永恆不變的，進而忽略了我們在他人眼中其實也只是一個客體的存在。主觀與客觀是相對而非絕對的，對於這世間的事物也應當以不同的視角來觀看，例如：有生必有死，有善必有惡，當我們理解一件事情時，不應當只從善的角度去理解，還應該從惡的角度去觀看，才可能窺看出事件整體的全貌，而不被限制於某一個視角，造成理解整體事件的盲點。

少年讀書

少年讀書，如隙中窺月；中年讀書，如庭中望月；老年讀書，如臺上玩月。皆以閱歷之淺深，為所得之淺深耳。

1黃交三：本名黃泰來，字交三，一字竹舫，號石閭。江蘇泰州（今江蘇東臺）人，曾跟隨孔尚任到北京做過幕僚。

2張竹坡：本名張道深，其人介紹請見本書〈編者導讀〉文章。

白話翻譯

少年時讀書，如同從縫隙窺視月亮；中年時讀書，如同在中庭中遙望月亮；老年時讀書，如同在高臺上賞玩月亮。吸取書本知識的多寡，取決於自身閱歷之深淺。

◆**黃交三**1**評點**：真能知讀書痛癢者也。

真切地體悟到了讀書的精髓所在。

◆**張竹坡**2**評點**：吾叔此論，直置身廣寒宮裏，下視大千世界，皆清光似水矣。

我叔的這番言論，真有如置身月之廣寒宮，往下觀看大千世界，如水般散發清凜光輝。

賞析

不同年齡層的人讀書，自有不同的心得領悟。張潮將自己的讀書體驗依照年齡區分，並以觀看月亮來做比喻，他分之爲三個階段——

第一個階段，少年時讀書，有如從隙縫中窺探月亮。年輕時認識的字不多，閱歷也不夠深廣，知識還很淺薄，所以讀書時，便有如從狹窄的縫隙窺探月亮，僅能隱約見到一絲月光，而無法窺探月亮的全貌。

第二個階段，中年時讀書，如同在中庭望月。人到中年，人生閱歷較爲豐富，對語言文字的掌握能力也已完備，知識也較爲廣博，這個時候讀書，就像在中庭看月亮那樣，雖然仍受限於空間限制，無法從最好的視角觀看月亮，卻已能約略窺探月亮的全貌。

第三個階段，老年時讀書，如同在高臺上賞玩月亮那般隨心所欲。人活到老年時，人生閱歷非常豐富，知識也很廣博，這個時候讀書，可以將人生的心得與書本中所記載的知識相互印證，對於書中知識也能恰當地加以掌握，而不再一知半解。這般境界就如同站在高臺上賞玩月亮那樣，不僅能窺探月亮的全貌，且能以一種「賞玩」心境去領悟，讀起書來更別有一番滋味。

吾欲致書雨師

吾欲致書雨師[1]：春雨宜始於上元節後（觀燈已畢），至清明[2]十日前之內（雨止桃開），及穀雨[3]節中。夏雨宜於每月上弦[4]之前，及下弦[5]之後（免礙於月）。秋雨宜於孟秋、季秋[6]之上下二旬（八月為玩月勝境）；至若三冬[7]，正可不必雨也。

1 雨師：古代傳說中，掌管降雨的神祇。
2 清明：中國傳統掃墓祭祖的節日，約在農曆三月（國曆四月五日）。
3 穀雨：二十四節氣之一，在清明節之後，約在國曆四月十九至二十一日之間。這段時間前後，降雨量明顯大幅增加，以利農作物生長。
4 上弦：即上弦月，在農曆每月初八前後，月亮呈現月牙的形狀，弧形偏西。
5 下弦：即下弦月，在農曆每月廿二或廿三，月亮呈現半圓形。
6 孟秋、季秋：孟秋，農曆七月；季秋，農曆九月（農曆八月，則為仲秋）。
7 三冬：冬季的三個月，農曆十月、十一月、十二月。
8 孔東塘：即孔尚任，其人介紹請見本書〈編者導讀〉文章。
9 余生生：余楍（一六〇六年至一六八五年，楍，讀作「本」），字生生，號鈍菴，明朝四川省青神縣（今四川省樂山市夾江縣青州鄉）人。著有《增益軒詩草》、《遣愁集》等作品傳世。

◆**孔東塘**[8]**評點：**君若果有此牘，吾願作致書郵也。

閣下若真寫了這封信，我願做送信的郵差。

◆**余生生**[9]**評點：**使天而雨粟，雖自元旦雨至除夕，亦未為不可。

如果上天下的是小米，那麼就算從元旦下到除夕，也未嘗不可。

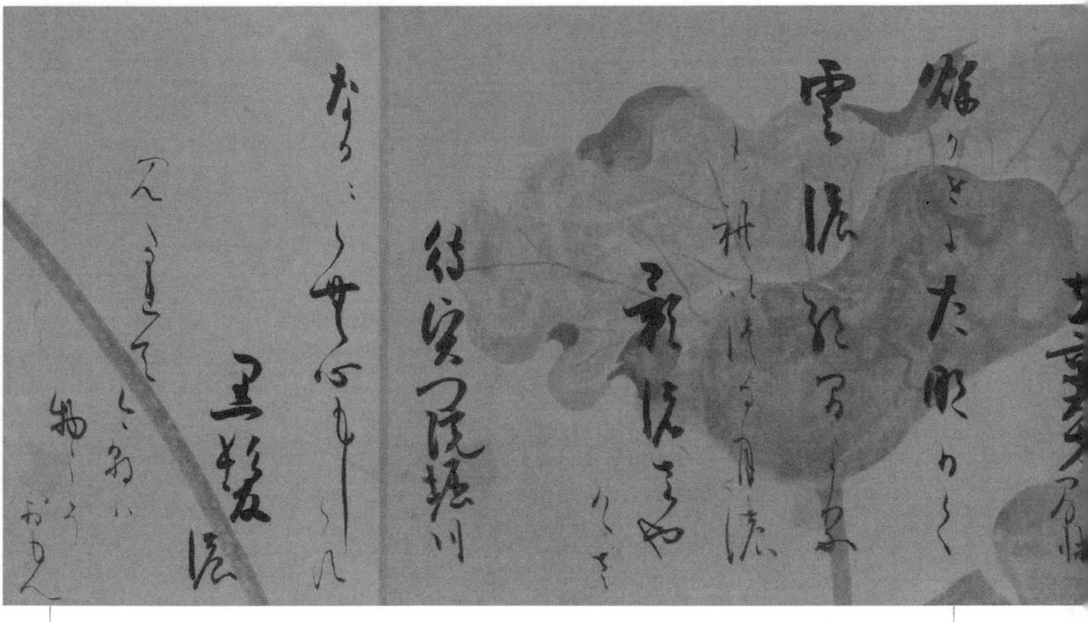

白話翻譯

我想寫封信給雨神——春雨，應當在元宵節之後開始（賞燈已經結束），下到清明節前十天這段時間（雨停，桃花綻放），以及在穀雨節期間下。夏雨，應當在每個月上弦之前與下弦之後（避免妨礙賞月）下。秋雨，應當在孟秋、季秋的上下二旬（八月是賞月最佳時機）下。至於冬季的三個月，可以不必下雨。

賞析

古代天氣對人的生活影響很大，而且變化無常，無法預測，有時甚至會給人類帶來災害，如旱災、水災等等。人們對於天災無力阻止，於是想像出掌管自然界的神祇如雨師（雨神）、河伯（河神）等等，好對種種災異現象給出解釋，甚至認爲人事的吉凶禍福均與此有所關聯。當時的人們相信，當帝王暴虐無道時，上天就會降下災禍示警；反之，賢能的君主在位時，則上天會有祥瑞以示吉兆。

張潮這篇寫給雨師的信，正是立足於中國古代傳統神話的基礎上，想像眞有這樣一位掌管降雨的神祇，希望降雨不要妨礙他賞花燈、賞桃花與賞月等一切與審美有關的活動，正足以顯示張潮特有的浪漫與富於想像力的人格特質。

元宵佳節燈會，那時剛好是春雨開始時節，天氣還很寒冷，加上綿綿細雨，會破壞賞燈的心情與景致。三月賞桃花，若遇上雨天，也著實打壞賞花的興致。夏季的雨雖然能帶給人清涼消暑之感，但若碰到適合賞月的日子，就會妨礙賞玩月亮的心情；而農曆八月的中秋節，正是家家戶戶賞月的節日，更加不能下雨了。至於冬天，天氣寒冷，下雨則更顯濕冷……是以，張潮希望這些日子都不要下雨，以免妨礙他賞美景。

為濁富不若為清貧

為濁富[1]不若為清貧，以憂生[2]不若以樂死。

1 濁富：用不正當的手段獲得的富貴。
2 憂生：整天為了生活而擔憂。
3 李聖許：生平不詳。
4 張竹坡：本名張道深，其人介紹請見本書〈編者導讀〉文章。

白話翻譯

與其透過不正當的手段獲得富貴，還不如清廉貧困度日來得心安理得；與其整天爲了生活擔憂，還不如快樂地死去來得瀟灑自在。

◆李聖許[3]評點：順理而生，雖憂不憂；逆理而死，雖樂不樂。

順應天理而活，雖然處在憂愁的環境之中，卻能心安理得；違逆天理而死，雖然得以解脫，卻也並不快樂。

◆張竹坡[4]評點：我願太奢，欲為清富，焉能遂願？

我的願望太奢侈，既想要清廉、又想要富貴，要怎麼做才能達成心願？

賞析

傳統儒家的思想對於君子的規範是：「富貴不能淫，貧賤不能移，威武不能屈。」（《孟子・滕文公下》）富貴，不能讓君子變得驕奢淫逸；縱然處在貧窮卑賤的環境之中，也不改移氣節操守；以武力威勢逼迫，也不會妥協。張潮是個讀書人，從小受到儒家思想的薰陶，他認爲，如果要透過不正當的手段（如貪汙、行賄），才能得到富貴，那麼他寧可過得清廉貧困，如此才能心安理得。畢竟，不義之財雖然來得快，卻得鎮日擔心會不會東窗事發，甚至爲了掩飾自己所做的缺德事，反而要做更多缺德事來遮掩，而後萬一被人揭發這些不義之舉，那麼離死期也不遠了。

雖然寧願捨棄濁富而過著清貧的生活，但是三餐生計問題仍舊迫在眉睫，眼看家中存糧越來越少，的確會使人煩心擔憂。所以張潮說，既然已經選擇了做人的標準原則，那麼就快樂無悔地走下去吧，不要爲了生活擔心——與其整天悲觀消沉，還不如快樂正面地迎接每一天。

天下唯鬼最富

天下唯鬼最富，生前囊無一文，死後每饒楮鏹[1]；天下唯鬼最尊，生前或受欺凌，死後必多跪拜。

1 楮鏹：讀做「楚搶」，祭拜時，用以焚燒的紙錢。楮，落葉灌木，樹皮可用來造紙，甚至製成紙幣，故常借指紙幣，這裡則指用來祭祀鬼的冥錢。鏹，古代用來把錢串起的繩索，泛指錢幣。

2 吳野人：本名吳嘉紀（一六一八年至一六八四年），字賓賢，號野人，江蘇泰州人。以詩聞名於世，著有《陋軒詩集》等書。

3 陳康疇：本名陳均，字康疇（疇讀作「愁」），清代安徽歙縣（歙在此讀作「社」）人。著有《畫眉筆談》。

白話翻譯

天底下最富有的就是鬼了，活著的時候身無分文，死後卻有用不完的冥紙；天底下只有鬼最尊貴，活著的時候可能飽受欺凌，死後必定得到眾人跪拜。

◆**吳野人[2]評點：**世於貧士，輒目為窮鬼，則又何也？

世上貧窮的讀書人往往被視為窮鬼，這又是為什麼呢？

◆**陳康疇[3]評點：**窮鬼若死，即並稱尊矣。

讀書人窮鬼若是死了，馬上就讓人尊敬以待了。

賞析

世上許多人都崇拜鬼神，認爲燒紙錢給鬼神可以得到庇佑，能護佑全家平安，並且帶來財富，是以，對於燒紙錢祈求鬼神降福之舉，從來不會吝嗇。然而，社會上有許多三餐不繼的人，卻沒有人願意掏腰包接濟他們，而這些人往往因爲地位卑賤最容易受到別人欺侮。這等現象不但揭露了社會貧富差距懸殊，也諷刺了人性的貪婪自私——人們寧可去買大量冥紙金紙燒給鬼神，也不願施捨一點給有需要的人。更諷刺的是，窮困之人生前得不到援助，死後卻能得到眾人的供養，有享用不盡的冥紙，這是因爲在世之人怕鬼作亂，毀其人世間的生活，於是跪拜祂們——窮人生前得不到尊重，死後卻能獲得無上榮耀。這種生前與死後的極大反差，正是張潮對此社會現象嘲諷之所在。

蝶為才子之化身

蝶為才子之化身，花乃美人之別號。

白話翻譯

蝴蝶，是才子轉化而成的形象；花，則是美人的另一種稱號。

賞析

一想到蝴蝶，就離不開鮮花；一思及才子，便離不開美人。蝴蝶與鮮花爲一組，才子與美人爲一組，前者是帶有美感的事物，後者爲帶有美感的人。蝴蝶與才子的共同特徵是，都喜歡流連花叢，吟風弄月。蝴蝶爲採花蜜，而在花叢中翩然起舞；才子愛慕美人，在風月場所中徘徊

◆**張竹坡評點**：蝶入花房香滿衣，是反以金屋貯才子矣。

蝴蝶飛入花房中，沾染了香味，如此一來，反倒是以金屋貯藏才子了。

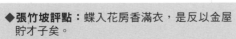

流連。鮮花與美人的共同特徵是，嬌豔欲滴、楚楚動人。

「蝶為才子之化身」，出自莊周夢蝶的典故，莊周夢見自己變成了蝴蝶，在花叢中翩翩飛舞，張潮在此借用了這則典故，將蝴蝶比喻爲才子；而花一向被用來比喻美人，所以才說，花，是美人的別名。自古以來，才子配佳人，正猶如蝴蝶圍繞著鮮花飛舞般，兩兩相對，若能得償所願，古今中外皆爲佳話。

因雪想高士

因雪想高士，因花想美人，因酒想俠客，因月想好友，因山水想得意詩文。

1弟木山：張潮的弟弟張漸，字進也，又字木山，曾參與《昭代叢書》的編纂工作。

2張竹坡：本名張道深，其人介紹請見本書〈編者導讀〉文章。

白話翻譯

看到雪就想到品德崇高的隱士，看到鮮花就想到美人，看到酒就想到俠客，看到月亮就想到好友，看到山水美景就想到得意的詩文作品。

◆**弟木山**[1]**評點：**余每見人一長一技，即思效之；雖至瑣屑，亦不厭也。大約是愛博而情不專。

我每次看到別人有一個長處，擅長一種技能，就想要效仿他；雖然很瑣碎也不厭倦。這大概是因為愛好廣博，所以無法專一。

◆**張竹坡**[2]**評點：**多情語令人泣下。

感情豐富，令人感動落淚。

賞析

張潮發揮他的聯想力，將具有共同特徵的兩種事物相互關聯在一起，所以當看到某甲就會聯想到某乙。

看到雪就聯想到隱士，雪與隱士之間的共同特徵是潔白，雪是白色的，而隱士的品德是崇高潔白的象徵，表示他不願與世俗的人同流合汙，保持高尚的節操。看到鮮花就聯想到美人，鮮花與美人的共同特徵是美，花是具有美的事物，而美人是長得貌美的女子，這兩者都能帶給人美的感受。看到酒就聯想到俠客，古代俠客都性格豪爽，喜歡飲酒；看到月亮就想到好友，好友是一同賞月的良伴，所以容易讓人將這兩者關聯在一起。看到山水聯想到張潮得意的詩文作品，表示作者在欣賞美景的時候，喜歡寫作詩歌與文章將之記錄下來，所以當他在看到山水美景時，就會聯想到得意的佳作。

聞鵝聲如在白門

聞鵝聲如在白門[1]；聞櫓聲[2]如在三吳[3]；聞灘聲[4]如在浙江[5]；聞騾馬項下鈴鐸[6]聲，如在長安[7]道上。

1 白門：南朝宋首都建康城的正南門為宣陽門，俗稱白門，以此作南京的別稱。
2 櫓聲：划船的聲音。櫓，讀作「魯」，是一種划水讓船前進的工具，短的稱作槳，長的稱作櫓。
3 三吳：泛指長江下游一帶，多水路。
4 灘聲：水花激濺在灘石上所發出的聲音。
5 浙江：位於浙江省境內，古稱錢塘江，因江流曲折而得名。
6 鈴鐸：會發出聲響的金屬器具，大的稱為「鈴」，小的稱為「鐸」（讀作「奪」），此處應指鈴鐺。
7 長安：今西安。
8 倪永清：生卒年不詳，法名超定，清代松江（今上海市境內）人。

◆**倪永清**[8] **評點**：眾音寂滅時，又作麼生話會？

當什麼聲音都沒有了的時候，又該用什麼來表達呢？

白話翻譯

聽到鵝叫聲就宛如身在南京，聽到搖櫓聲就宛如身在三吳，聽到水激濺在灘石上的聲音就宛如身在浙江，聽到騾馬掛在脖子上的鈴鐺聲響，就宛如置身長安城內的街道。

賞析

人處在某種相似的情境下，就會對以往所經歷過的人事物產生聯想，這是因爲眼前處境與過往經歷可能有某種共通點，因此便有了我們耳熟能詳的「睹物思人」、「觸景生情」之語。無論是想到了誰，或是生出了何種心情，都是因爲眼前所見，令人想及經歷過往使然。

本則小品文是張潮在某處看到某地獨有的特徵，而將兩者關聯在一起，產生了聯想——南京的特徵是多鵝，聽到鵝叫聲就聯想到南京。三吳地區多水路，船自是當地重要交通工具，搖櫓聲於是成了該地的特徵，是以聽到搖櫓聲就聯想到三吳。浙江的特徵是灘聲，聽到水花激濺在灘石上的聲音，就讓人聯想到浙江；長安古道的特徵是騾馬的鈴鐺聲，聽到騾馬身上的鈴鐺聲就聯想到長安古道。張潮透過鵝叫聲、搖櫓聲、水花飛濺灘石聲、騾馬的鈴鐺聲，聯想起了相關的特定地點，而且正巧都是透過聲音達致，可以說是聞聲神遊。你呢，你的五感之中，哪一個官能特別敏銳？

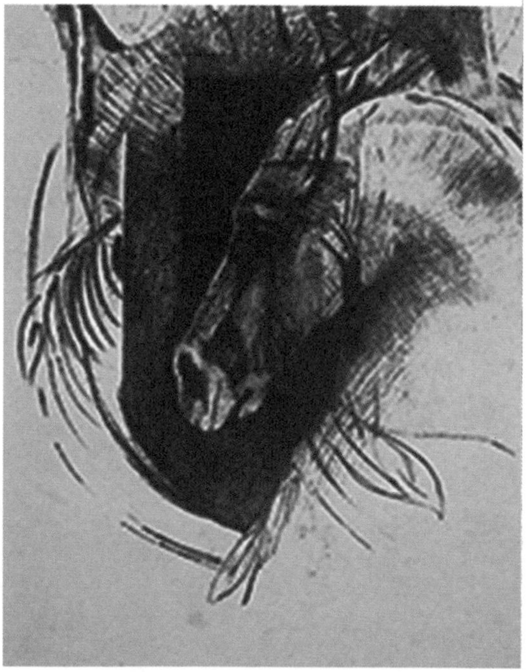

一歲諸節

一歲諸節，以上元為第一，中秋次之，五日、九日[1]又次之。

1 五日：農曆五月初五是端午節。九日：農曆九月初九是重陽節。

2 張竹坡：本名張道深，其人介紹請見本書〈編者導讀〉文章。

3 顧天石：本名顧彩（一六五〇年至一七一八年），字天石，號夢鶴居士，江蘇無錫人。擅長創作戲曲劇本，孔尚任的劇本《小忽雷》，就是由顧天石填詞的。其他戲曲作品有《大忽雷》、《後琵琶記》等等。

白話翻譯

一年之中的各種節日，應當以上元節爲首，中秋節爲第二，端午節爲第三，重陽節爲第四。

◆張竹坡[2]評點：一歲當以我暢意日為佳節。

一年之中，應當以我最舒暢愜意的日子為佳節。

◆顧天石[3]評點：躋上元於中秋之上，未免尚耽綺習。

將上元節置於中秋節之上，未免耽溺於世俗熱鬧的風氣習俗。

賞析

我們一年之中的重大傳統節日分別是春節、元宵節、清明節、端午節、中秋節。春節，是農曆的新年，象徵一年新的開始，因此有一連串的慶祝活動，而且也是闔家團圓的日子。上元節，即元宵節，農曆正月十五日，是春節的最後一天，在這一天會有燈會等熱鬧的慶祝活動。端午節，是紀念愛國詩人屈原的日子，這天家家戶戶會包粽子，還有舉行划龍舟等慶祝活動。中秋節，是農曆八月十五，這一天的月亮是滿月，取其團圓的寓意，因此是全家團聚、共同賞月的時光。重陽節，是登高敬老的日子，人人要佩戴茱萸草，爬山、賞菊。

張潮對一年中這些重要節日的排行，源自於他個人的喜好，而這也與他的審美有關。上元節的燈會十分熱鬧，晚上燈火通明，若從高樓向下眺望，一片燈火閃耀，十分美麗，這應當也是他排爲第一的主因。中秋節賞月，應當是張潮十分喜愛的活動，因爲在《幽夢影》一書中時常可看見張潮對賞月的熱愛，這應當是他排爲第二的原因。端午節的由來是爲了紀念屈原的忠貞，而重陽節則是登山的好時機，登山就讓人聯想到品德高潔的隱士，是以這兩個節日分別排爲第三與第四。

雨之為物

雨之為物，能令晝短，能令夜長。

白話翻譯

雨這種東西，可以讓白天縮短，讓夜晚變長。

賞析

雨是一種自然現象，下雨的時候，天上的雲層覆蓋住陽光，使天空看起來陰霾昏暗，即使是白天，光線也不佳，大約到傍晚天就黑了，所以才說，下雨使得白天縮短，而夜晚自然就變長了。

古代沒有電燈照明，若天色昏暗就沒法讀書，或者進行其他室內的活動，要出外工作也很不方便，因此對古人的生活影響很大。現代有電燈可用，一切方便多了，無論白天夜晚都能燈火通明，對讀書人與外出工作者都方便不少，但也正因爲如此，現代人對於下雨的敏銳度不如古代人。

◆**張竹坡評點：**雨之為物，能令天閉眼，能令地生毛，能為水國廣封疆。

雨這種東西，可以讓老天爺閉上眼睛，能讓地上生出草木，能替水國擴充領域。

古之不傳於今者

古之不傳於今者，嘯[1]也，劍術[2]也，彈棋[3]也，打毬[4]也。

1 嘯：撮口（讓口型變圓，撮在此讀作「錯」的一聲），以口吹出悠揚清越的聲響，類似吹口哨。

2 劍術：用劍相互攻擊對方的技術。

3 彈棋：古代的一種遊戲，據說始自漢成帝之時（西元前三二年至西元前七年）。兩人對局，白黑棋各六枚，兩人各自把相同數量的棋子排好，然後用手指彈擊對方的棋子，先被擊中的那方就判輸。在此，彈棋的「彈」，讀作「潭」。

4 打毬：指蹴鞠或馬球。蹴鞠（讀作「促局」），是古代的一種踢球遊戲。馬球，是騎馬打球的運動，始於唐代，直至明代仍蔚為流行。毬，讀作「求」，古代遊戲或運動時所用的圓球。

5 黃九煙：本名黃周星（一六一一年至一六八〇年），字景虞、略似，號九煙、圃庵、而庵笑倉道人。直隸上元縣（今江蘇南京）人，明崇禎十三年（一六四〇年）進士，朝廷授予戶部主事官職。明朝滅亡後不出仕做官，以教授經書為業。清康熙十九年（一六八〇年）跳河自殺。著有《夢史》《圃庵詩集》《百家姓編》等書。

6 張竹坡：本名張道深，其人介紹請見本書〈編者導讀〉文章。

7 龐天池：即龐筆奴，生平不詳。

◆**黃九煙**[5]**評點：**古之絕勝於今者，官妓、女道士也。

古代遠勝現今的，是古代有入官方樂籍的女妓、女道士。

◆**張竹坡**[6]**評點：**今之絕勝於古者，能吏也，猾棍也，無恥也。

現今遠勝於古代的，是才能傑出的官吏、狡猾的惡棍，及無恥之徒。

◆**龐天池**[7]**評點：**今之必不能傳於後者，八股也。

現今必然無法傳到後世的，是八股文。

白話翻譯

古代有、然現今已失傳的技藝活動，爲長嘯、劍術、彈棋、打毬。

賞析

很多文化藝術一類的事物與活動有其時代性，它們之所以一路流行到當代，大抵跟歷史背景有關，而被傳揚到後世來；一旦流行因素消失了，這些文化藝術也會跟著失傳，抑或被其他所取代。張潮在此列出的四種技藝，都曾經在古代很盛行，可是到了清朝就失傳了——

首先是嘯，這是一種喉音藝術，常見於古典詩歌，如唐代王維的詩作便有「獨坐幽篁裡，彈琴復長嘯」〈竹里館〉，大意是說「獨自坐在竹林深處，彈琴又長嘯」；可見，嘯，這種技藝在古代是很常見的。其次是劍術，現今的中國武術也有劍術，但可能並非源自古代傳統的劍術，而是後人創新發展來的。

第三種是彈棋，這是一種遊戲，現今已看不到。的確，隨著時代逐漸演變，就連遊戲也可能日新月異，古舊的、再沒什麼人玩的遊戲，自然會被淘汰。第四種是打毬，指的可能是蹴鞠或者馬球。球類運動種類繁多，隨著新運動的盛行，舊有的很可能會被取代。

綜上所述，在古代盛行的文化技藝、民俗或運動一類，到了後世卻失傳，不一定要想成是文化的退步，也可能是時代在進步。然而，古代的技藝（甚至是靜靜存在的建築古蹟），始終是老祖宗的智慧結晶，有些失傳滅毀了的確教人惋惜；這就是爲什麼，不論公部門或私人單位這些年來都在珍惜現有文化資產，加以好好利用，爲的就是不讓珍貴的人文活動軌跡銷聲匿跡。

詩僧時復有之

詩僧時復有之，若道士之能詩者，不啻空谷足音①，何也？

1不啻空谷足音：無異於空谷中的腳步聲，十分罕見。啻，讀作「斥」；不啻，在此為「如同、有如」之意。

2畢右萬：畢三復，字右萬，清安徽歙縣（歙在此讀作「社」）人，著有《樅亭近稿》。樅，讀作「聰」，冷杉的古稱。

3顧天石：本名顧彩，字天石，號夢鶴居士，江蘇無錫人。擅長創作戲曲劇本，孔尚任的劇本《小忽雷》，就是由顧天石填詞的。其他戲曲作品有《大忽雷》、《後琵琶記》等等。

白話翻譯

會作詩的僧人時常可見，會作詩的道士卻十分罕見，這是什麼緣故？

◆**畢右萬②評點**：僧、道能詩，亦非難事。但惜僧、道不知禪玄耳。

僧人和道士會作詩，並非是什麼困難的事；只是可惜，僧人和道士不懂禪理玄學罷了。

◆**顧天石③評點**：道於三教中，原屬第三，應是根器最鈍人做，那得會詩？軒轅彌明，昌黎寓言耳。

道教在三教之中，原本就排列在第三等，應該是資質最駑鈍的人才會去做道士，哪裡有可能會作詩？衡山道士軒轅彌明與文人聯句作詩一事，不過是韓昌黎在寓言故事中虛構的罷了。

賞析

古代僧人會作詩的很多，這與個人的文化素養，以及常與文人往來可能頗有關係。舉個例子來說：大文豪蘇軾就曾與好幾位僧人唱酬往來，其中比較著名的一位是佛印和尚。有一次，蘇軾自覺禪坐略有精進，就很高興地寫下「稽首天中天，毫光照大千，八風吹不動，端坐紫金蓮」這首詩（〈讚佛偈〉），命人將詩送去給佛印禪師。佛印看了之後，回了「放屁」二字，蘇軾氣得過江去跟他理論，佛印便在門上貼了一副對聯加以譏諷——「八風吹不動，一屁打過江」。蘇軾看了，自嘆不如。可見，僧人會作詩，與他們常和文人往來或有關係。

其次，是佛教典籍中，常以韻文（即偈頌，偈讀作「季」）來表達佛教的教義與哲理；而詩也是韻文的一種，兩種文體有共通之處，這應當也是僧人能作詩的其中一個原因。

其實，會作詩的道士也很多，只是有名的不多，所以才會給人道士不會作詩的刻板印象，大概是詩作普遍水準不高，而較少爲人所悉吧。

當為花中之萱草

當為花中之萱草[1]；毋為鳥中之杜鵑[2]。

1萱草：植物名。葉子狹長，花形似百合，有橘紅、橘黃色。未開花時可採摘食用，又稱為「金針花」、「忘憂草」等等。

2杜鵑：鳥名，指杜鵑鳥，相傳為古蜀（商周之交至春秋時期）王杜宇之魂所化，也有「杜宇」、「子規」等名。

3袁翔甫：生平不詳。

白話翻譯

寧可做花中的萱草，也不願做鳥中的杜鵑。

賞析

萱草，又稱爲忘憂草。張潮身處於一個時局動盪、人民生活艱苦的年代，滿清入主中原之後，漢人的地位不如滿人，對讀書人來說，兼有文字獄箝制人民思想，處處受限，又加上張潮自身的生活與仕途皆不如意，他於是希望當株忘憂草，忘卻一切煩惱。是呀，只要是人，就會煩憂，就會想忘憂，現代人亦如是，各種現實

◆**袁翔甫[3]評點：**萱草忘憂，杜鵑啼血。悲歡哀樂，何去何從？

萱草忘卻憂愁，杜鵑悲啼泣血而死。悲歡哀樂，該何去何從？

的、身心的壓力紛至沓來，怎逃得掉，逃不掉，就更想要自由，更想逍遙自在地活。

杜鵑，是一種不祥的鳥，象徵著悲傷淒婉。傳說，周代末年的蜀王杜宇因國家滅亡而死，他的魂魄化成了杜鵑鳥，日日夜夜悲傷鳴叫，最後血淚流乾而亡，這是多麼悲慘傷感哪。張潮的一生有過許多悲傷的經歷，他不希望再繼續悲傷痛苦下去；是以，他說，寧願做花中的萱草以忘卻煩憂，也不要做鳥中的杜鵑悲傷啼叫而亡。

物之稚者皆不可厭

物之稚①者皆不可厭，惟驢獨否。

1稚：幼小，不成熟。

2黃略似：本名黃周星（一六一一年至一六八〇年），字景虞、略似，號九煙、圃庵、而庵笑倉道人。直隸上元縣（今江蘇南京）人，明崇禎十三年（一六四〇年）進士，朝廷授予戶部主事官職。明朝滅亡後不出仕做官，以教授經書為業。清康熙十九年（一六八〇年）跳河自殺。著有《夢史》《圃庵詩集》《百家姓編》等書。

3倪永清：生卒年不詳，法名超定，清代松江（在今上海市境內）人。

白話翻譯

年幼的動物都不會令人討厭，只有驢子除外。

賞析

幼小的動物大多是很惹人憐愛的。牠們才剛來到這個世界，對一切事物都充滿好奇，所以即便是人類也很願意親近牠們——這個時期的牠們正需要母愛，嗷嗷待哺的模樣尤其讓人喜愛，且願意親近。然而，叫聲嘶啞難聽的驢子，即便還在幼崽階段也惹人嫌，況且脾氣又倔強，不易馴服，往往令人討厭。

◆黃略似②評點：物之老者皆可厭，惟松與梅則否。

生物老了都令人討厭，只有松樹與梅樹除外。

◆倪永清③評點：惟癖於驢者，則不厭之。

只有愛驢成癖的人，才不會討厭驢子。

女子自十四五歲至二十四五歲

女子自十四五歲至二十四五歲，此十年中，無論燕、秦、吳、越[1]，其音大都嬌媚動人，一睹其貌，則美惡判然矣。耳聞不如目見，於此益信。

1 燕、秦、吳、越：古代地名。燕指河北。秦指陝西。吳指江蘇省吳郡。越指浙江紹興一帶。

2 吳聽翁：本名吳綺（一六一九年至一六九四年），字園次，一字豐南，號綺園，又號聽翁，清代江都（今江蘇揚州）人。順治十一年（一六四五年）貢生，後擔任兵部主事、武選司員外郎等職。擅長作詞，以文章多風骨，崇尚風節，富饒風雅著稱當世，著有《林蕙堂集》。

3 張竹坡：本名張道深，其人介紹請見本書〈編者導讀〉文章。

白話翻譯

女人從十四五歲到二十四五歲，這十年之間，無論是燕、秦人抑或是吳、越人，她們的聲音大都嬌媚動人。只有在見到她們的容貌後，才能分出美醜之別。耳聽不如親眼所見，自此以後，更讓人確信了。

◆**吳聽翁**[2]**評點：**我向以耳根之有餘，補目力之不足。今讀此，乃知卿言亦復佳也。

我一向以聽覺來彌補視覺的不足。如今讀到這篇文字才知道，先生您的話也很有道理。

◆**張竹坡**[3]**評點：**家有少年醜婢者，當令隔屏私語、滅燭侍寢，何如？

家裡有年輕醜陋的婢女，應當讓她們隔著屏風說話，蠟燭熄滅後再侍寢，怎麼樣？

賞析

正所謂「耳聽爲虛，眼見爲實」，耳朵聽到的不一定是眞的，親眼見到才比較有可能去判斷事情的眞假；這句話通常的意思是指，當我們聽見別人對某人或某事的評價，可並不代表是那人的眞實樣貌或那事的實際情況，因爲在口耳相傳的過程中，往往可能會加油添醋，進而影響我們做出正確的判斷。所以才說，不能光聽別人說，得實際親眼見見，才有助下評斷。

張潮這則小品文雖也同樣表達了耳聽爲虛，眼見爲實之意，但在這裡，他耳朵所聽見的聲音並非是別人口述的情況，而是指女人的聲音；眼見爲實，指的是女人的容貌，他想要表達的觀點是——「女人的聲音與其樣貌，未必相符」。出於生理慾求的緣故，女人一般對男人有著極大的吸引力，是以張潮對女人的聲音與樣貌才會格外敏感。

他認爲，只要是年輕女人，無論長相美醜，其聲大都嬌柔嫵媚，如此一來，聲音，便不能做爲女人美醜的判斷標準。乍聽到嬌柔嫵媚的女人聲音，料想本人樣貌也應當相差無幾，一見到本尊，卻發現樣貌與聲音有所出入，因而大失所望，所以張潮才會發出這樣的感嘆。實際上，只有男人才會這麼仔細地去分辨女人的聲音與樣貌是否相符，女人之於女人，敏銳度不會這麼高。反之，女人對於男人的聲音與樣貌是否相符，也會很敏感。

尋樂境乃學仙

尋樂境乃學仙[1]，避苦趣[2]乃學佛。佛家所謂極樂世界[3]者，蓋謂眾苦之所不到也。

1 學仙：學習道士長生不老與神妙變化的法術。
2 苦趣：佛家語。指生前做了惡業，死後去往受苦的地方，即三惡道：地獄、餓鬼、畜生。
3 極樂世界：梵語「Sukh vat」的意譯，即指阿彌陀佛的淨土。往生淨土的眾生可以得到各種快樂，在心中聽聞佛法，供養佛陀，就能開悟。漢傳佛教對極樂世界的信仰尤甚。
4 江含徵：本名江之蘭，其人介紹請見本書〈編者導讀〉文章。
5 忍辱鎧：此為佛教用語，是袈裟的別名。佛教以為只要能忍辱，外在就沒有什麼難事了，因此用戰服鎧甲來作喻。
6 陸雲士：本名陸次雲，浙江錢塘人，拔貢生，擔任江蘇江陰知縣等官職。著有《澄江集》、《北墅緒言》。

白話翻譯

想要尋求快樂的境界，就去學道士的長生不老之術；想要從苦難解脫，就學習佛教的修禪。佛教所謂的極樂世界，大概是指那裡什麼苦難都到不了吧。

◆**江含徵[4]評點：**著敗絮行荊棘中，固是苦事；彼披忍辱鎧[5]者，亦未得優遊自到也。

穿著破敗的棉衣在荊棘叢中行走，固然是痛苦的事情；可那些披著袈裟在此間行走的人，也沒能達到自在豁達的境界哪。

◆**陸雲士[6]評點：**空諸所有，受即是空。其為苦樂，不足言矣。故學佛優於學仙。

將一切法視為虛空，所承受的就是虛空，因此無論是苦還是樂都無從說起。所以，學佛比求仙來得自在從容。

賞析

道教之人，眷戀人世間的美好，所以不願死去；是以，道教有煉丹術，認爲丹藥可令人長生不老，他們追求的是得道成仙、長生不老的快樂境地。這與先秦老莊道家的思想不同。道家重視人的內在修養，認爲一切教條規範皆爲束縛，想要獲得內心的快樂，首先要鬆開心對善惡價值標準的認知與定執；而且道家認爲，人能透過內在修養以破除形軀的有限性，進而到達一絕對的、虛靜無爲的「道」之境界——道教，追求形軀的長生不老；道家，則追求心靈的逍遙自在。

佛教的想法是，人的本質便是苦，因此，離苦得樂就成了佛教的宗旨，而離苦得樂的終極境界就是涅槃。佛教認爲，人，一切眾生，

皆處在不斷的因果輪迴當中，眾生之所以受生，是因爲心中有貪嗔癡的緣故，唯有眞正地除去貪嗔癡，才能離苦得樂，證成涅槃，獲得無上妙樂。

佛陀原本是人身，他透過自身的修行證成了涅槃，教導世人各種成佛的方法，稱之爲佛法。然而，在南傳佛教的理論體系中，並不認爲有一佛國淨土（即阿彌陀佛的極樂世界），而成佛也未必要等到死後才能達到，所以一般人對佛教「尋求死後解脫」的印象並不十分正確。至於阿彌陀佛的淨土，是漢傳佛教所較爲推崇的，認爲只要生前恭敬修行，透過念佛、禪修等修行方式，死後就能往生極樂世界，在那邊，有較好的環境適合修行，也較容易開悟成佛。

富貴而勞悴

富貴而勞悴[1]，不若安閒之貧賤；貧賤而驕傲，不若謙恭[2]之富貴。

1 勞悴：辛勞憂慮。悴，讀作「翠」，憂愁。
2 謙恭：謙遜有禮。
3 張竹坡：本名張道深，其人介紹請見本書〈編者導讀〉文章。
4 張迂庵：生平不詳。

白話翻譯

富貴卻辛勞愁苦，那還不如貧窮卑賤而閒適的人；貧窮卑賤卻又心高氣傲，那可不如富貴而謙遜恭敬的人。

◆張竹坡[3]評點：謙恭安閒，乃能長富貴也。

謙遜恭敬而閒適安逸，才能長久富貴。

◆張迂庵[3]評點：安閒乃能驕傲，勞悴則必謙恭。

閒適安逸才會驕傲，辛勞憂慮必能謙遜恭敬。

賞析

張潮認爲一個人的高下優劣，並不在於其身分地位是富貴還是貧賤，而取決於其人的處世態度。一個有錢有勢的人，但若整天活在憂慮辛勞之中，爲了追求名利權勢而不擇手段，已經得到了富貴卻還想要更多……追逐這些外在的名與勢，態勢如車輪不斷往前滾動而停不下，最後反而會讓自己陷入險境。有多少人爲了追求富貴，爲了保住自己的名利權勢，而不擇手段地傷害別人，可最終仍難逃律法制裁，下場往往淒慘。而貧窮卑賤之人，若能「安時而處順」，安於現狀而能自得其樂，那麼，可是比擁有富貴、卻又整天憂愁勞苦的人幸福得多。

可是，一個人若處於卑賤、卻心高氣傲，自認處處高人一等，不肯向人低頭，只會自討苦吃，這樣的人並不可取。富貴而能謙遜有禮地對待他人，那麼，這樣的人是值得敬重的。是以，一個人值不值得我們去效法敬重，並非取決於他的身分地位，而在於他的品德與態度。

目不能自見

目不能自見，鼻不能自嗅，舌不能自舐，手不能自握，惟耳能自聞其聲。

1弟木山：張潮的弟弟張漸，字進也，又字木山，曾參與《昭代叢書》的編纂工作。

2釋師昂：生平不詳。

白話翻譯

眼睛不能看見自己的容貌，鼻子不能聞到自己的氣味，舌頭不能舔舐自己，手也不能自己握住自己，只有耳朵可以聽見自己的聲音。

◆弟木山[1]評點：豈不聞心不在焉、聽而不聞乎？兄其誑我哉！

難道沒聽說過「心不在焉、聽而不聞」嗎？兄長您這是誆騙我啊！

◆釋師昂[2]評點：古德云：眉與目不相識，祇為太近。

古代高僧說過：眉毛與眼睛互不認識，只因為距離太近了。

賞析

本則小品文所談的是生理的自然現象，卻可將之引伸爲人生哲理——人，往往只能看見別人的缺點，而看不見自己的缺失，就如同透過眼睛、鼻子、舌頭、手等感官知覺，能很直覺式地朝向外界去認識別人，對世間人事物形成初步的感受，而比較難朝內地來眞正認識自己。

由此，別人的優缺點在我們眼中一目了然，自己的優缺點卻見不到，不知道怎麼欣賞自己，更不知道怎麼自我省思比較合宜。絕大多數的人都是如此，是以，人與人之間的衝突常常源自於此。

至於耳朵，雖然能聽見自己的聲音，可是心若被遮蔽了，無法認識自己、認識眞相，那麼即便能聽得到，也只是充耳不聞了。

凡聲皆宜遠聽

凡聲皆宜遠聽，惟聽琴則遠近皆宜。

1王名友：生平不詳。
2龐天池：即龐筆奴，生平不詳。

白話翻譯

凡是聲音都只適合遠處聆聽，僅琴聲無論是遠或近都合適。

賞析

聲音分爲很多種，處在不同的環境底下會聽見

◆**王名友**[1]**評點：**松濤聲、瀑布聲、簫笛聲、潮聲、讀書聲、鐘聲、梵聲，皆宜遠聽；惟琴聲、度曲聲、雪聲，非至近不能得其離合抑揚之妙。

松林隨風搖曳之聲、瀑布聲、簫笛聲、潮水聲、讀書聲、鐘聲、頌唱佛經的聲音全都適合遠聽；只有琴聲、唱曲聲、落雪聲，若不靠近些，便無法領悟它們抑揚頓挫的奧妙。

◆**龐天池**[2]**評點：**凡色皆宜近看，惟山色遠近皆宜。

舉凡景色都適合在近處看，只有山林間的景色遠近都合適。

不同的聲音——置身山林，則有鳥叫蟲鳴；置身河川溪水旁，則有潺潺流水聲、蛙鳴等等；身處鬧市，則有嘈雜的人聲、交通工具噪音；身在學校，則有讀書聲、學生的嬉鬧聲。這些聲音，若太靠近地聽之，會給人煩躁不安的感覺；若遠遠地聽，就不至於帶給人煩悶不適之感，是以，所有的聲音都只適合遠聽。

琴聲就不同了，只是張潮在此並未指明是哪一種琴。筆者認爲，他所指的應是古琴。古琴曲往往給人一種空靈之感，彷若置身山林，教人心曠神怡。由於古琴多用「泛音」，以這種指法彈出的音色，正如同蘊含禪機般，有種脫俗之感。古琴聲不會帶給人壓迫感，所以無論是近聽或遠聽，都不覺煩躁，反而能讓焦躁的心情很快平復下來——在忙碌了一天之後，聽聽古琴曲，頗療癒。

目不能識字

目不能識字，其悶尤過於盲；手不能執管[1]，其苦更甚於啞。

1 執管：管，筆管，此處代指毛筆；執管，拿筆寫字。
2 陳鶴山：本名陳翼，字鶴山，清代長洲（今江蘇蘇州）人。孔尚任欣賞他的才學，聘他為幕僚。著有：《草堂集》。

白話翻譯

有眼睛卻不能識字，煩悶更甚於眼瞎；有手卻不能提筆爲文，苦惱更甚於啞巴。

賞析

這是張潮個人的觀點。他是個文人，人生的價值與生活的樂趣，全在於能夠識字與寫文章，若讓他目不識字、手沒法提筆作文章，這可是比讓他眼盲、做啞巴更加痛苦。但若是販夫走卒，無須識字也能生活，無須作文章也能表達

◆陳鶴山[2]評點：君獨未知今之不識字、不握管者，其樂尤過於不盲、不啞者也。

您豈不知，現今不認識字、不懂文章怎麼寫的人，他們的快樂更勝於不瞎、不啞的人哪。

心中的思想，那麼識不識字、能不能寫文章，也就沒那麼重要了。

在古代，知識與學問往往掌握在少數階級的手裡，一般老百姓很少有讀書學習的機會。尤其是女人，更罕有讀書求學的機會，因爲古人一向認爲「女子無才便是德」——中國歷朝是封建社會，更是父權社會，不讓女人讀書是爲了箝制其思想，深怕女人若比男人有思想，就難以將她們限制在閨閣之中。因此，一旦有女人的成就超越了男人，就受到時人的抨擊，如唐代的武則天當了皇帝，守舊派便批評她是「牝雞司晨」（牝讀作「拼」的四聲，指雌性），母雞取代公雞報曉。

現代社會底下，幾乎人人都有接受國民教育的機會，受了基礎教育後，學習表達所思所想，再慢慢學會思辨，或能在人生中充實地行走。

並頭聯句

並頭聯句[1]，交頸[2]論文，宮中應制[3]，歷使屬國[4]，皆極人間樂事。

1 聯句：一種作詩的形式。每個人寫幾句，合成一篇。傳說，是由漢武帝開始的，他和眾位大臣聯合作〈柏梁臺詩〉。

2 交頸：男女脖子相交，常用來指夫妻恩愛情深。

3 應制：應皇帝之命而寫成的詩文作品，多為歌功頌德之作。

4 歷使屬國：奉命為使臣，出使各國。

5 狄立人：本名狄億，字立人，號向濤，清代江蘇溧陽人。康熙三十年（一六九一年）進士。著有《洮河漁子集》、《寶善堂詞》等書。

6 孫松坪：本名孫致彌，字愷似，號松坪，江南蘇州府嘉定縣人。生卒年不詳，約康熙年間在世。康熙廿七年（一六八八年）進士，官至侍讀學士。著有《杕左棠集》、《杕左棠續集》和《杕左棠詞》；杕，在此讀作「第」。

◆**狄立人[5]評點**：既已並頭、交頸，即欲聯句論文，恐亦有所不暇。

既然已經頭靠著頭，脖子挨著脖子，就算想要聯句作詩、品評文章，恐怕也抽不出空來。

◆**孫松坪[6]評點**：邯鄲舊夢，對此惘然。

宛如邯鄲一夢，轉瞬即逝，此情此景令人悵然若失。

白話翻譯

男子與佳人，頭並著頭聯句作詩，脖子相交地評點文章；在宮中應皇帝詔命作詩文，代表宗主國出使附屬國，這些都是人間極爲快樂的事情。

賞析

在《幽夢影》一書裡，有很多事能讓張潮感到快樂，像是能夠與美人紅顏相伴，進而如知己般親暱地頭並頭、肩並肩作詩談文，便是其中一樁——胭脂香與筆墨香摻雜在一起，光想到這樣的光景就令人心曠神怡。

當然還有件重要的事也能令張潮極感快樂，那就是，歷經多年寒窗苦讀的古代文人，有朝一日眞能入朝爲官，爲國效力，既實現理想抱負，又獲得權力與地位。是以，張潮想著「宮中應制」此番被皇帝欽點、奉命作詩的榮耀，可見絕對是自己的才華與學問受到了讚賞與認可；他還想著「歷使屬國」，成爲使臣代表國家出使各國，這更是份大榮耀，畢竟代表了國家的體面與皇帝的權威；仕途平順亨通，才華受到當權者賞識，可說一直是張潮心中提得起、放不下的兩樁苦事？樂事？

《水滸傳》武松詰蔣門神云

《水滸傳》[1]武松詰[2]蔣門神云：「為何不姓李。」此語殊妙。蓋姓實有佳有劣，如華、如柳、如雲、如蘇、如喬，皆極風韻；若夫毛也、賴也、焦也、牛也，則皆塵於目而棘於耳者也。

1《水滸傳》：相傳，該書作者是元末的施耐庵或明初的羅貫中。這是一部白話文章回體小說，名列中國古典四大文學名著，也是四大奇書之一。故事講述北宋時代，聚集在山東梁山泊的一百零八條綠林好漢，從被形勢逼迫落草為寇，後被朝廷招安的經過。

2詰：問。

3先渭求：本名先著，字渭求，又字染庵，四川瀘州人。清代書畫家，擅長書法、繪畫，著有《勸影堂詞》、《益州書畫錄續編》等書。

4張竹坡：本名張道深，其人介紹請見本書〈編者導讀〉文章。

白話翻譯

《水滸傳》中的人物武松問蔣門神：「你爲何不姓李？」這句

◆先渭求[3]評點：然則君為何不姓李耶？

那麼閣下為什麼不姓李呢？

◆張竹坡[4]評點：止聞今張昔李，不聞今李昔張也。

只聽說過今張昔李，沒聽說過今李昔張。

話問得很妙。姓氏也有好有壞，如華、柳、雲、蘇、喬，這些都是很風雅、有韻致的姓氏；至於毛、賴、焦、牛這些姓氏，一見到就有如沙塵吹入雙眼，一聽到就有如荊棘刺傷耳朵。

賞析

本則小品文所引的故事，出自《水滸傳》一百二十回本的第二十八回〈施恩重霸孟州道武松醉打蔣門神〉。武松到酒店問酒保：「過賣，你那主人家姓什麼？」酒保答道：「姓蔣。」武松道：「卻如何不姓李？」這與張潮所述並不完全符合，武松是問酒保而非問蔣門神，而《水滸傳》此處詢問姓什麼並無深意，只是想尋個由頭挑起爭端，因爲蔣門神奪了施恩的生計，武松要替自己兄弟出頭，但一上門又不能無緣無故就打人，所以才故意在姓氏上找碴。

姓氏，在古代是家族所傳承，也是身分地位的象徵，並無高低優劣的分別。張潮對姓氏優劣的評論，那是從他文人風雅韻致的角度來看。張潮喜歡美的東西，對身邊周遭事物總要以審美眼光品評一番，就連姓氏也不例外。他認爲，華、柳、雲、蘇、喬這些姓氏都是極爲風雅的。華，即「花」的古字，柳是柳樹，雲是雲彩，這些都是能帶給人美感體驗的自然事物，因而以此爲姓，連帶地也風雅不少。而毛、賴、焦、牛則是粗俗鄙陋的東西，如：毛是指毛髮；牛是幫助人類耕田的動物，象徵苦力；焦，則是東西燒光之後殘留的灰燼；是以，張潮認爲不雅，甚至覺得這種姓氏光是看到、聽到，就傷害了眼睛與耳朵。

雖說以優劣來品評姓氏並不可取，也無異於不尊重別人家族的姓氏，然而若能進一步理解張潮是從審美觀點來評價，或許也就能諒解了。

花之宜於目而復宜於鼻者

花之宜於目而復宜於鼻者，梅也、菊也、蘭也、水仙也、珠蘭[1]也、蓮也。止宜於鼻者，櫞[2]也、桂也、瑞香[3]也、梔子[4]也、茉莉也、木香[5]也、玫瑰也、臘梅也。餘則皆宜於目者也。花與葉俱可觀者，秋海棠[6]為最，荷次之，海棠[7]、酴醿[8]、虞美人[9]、水仙又次之。葉勝於花者，止雁來紅[10]、美人蕉[11]而已。花與葉俱不足觀者，紫薇[12]也、辛夷[13]也。

1 珠蘭：又稱金粟蘭，花小呈黃色，有濃郁的香氣，蓓蕾如珠。

2 櫞：讀作「元」，又稱為枸櫞、香櫞，芸香科柑桔屬的小喬木，果肉味酸苦，不適合食用，但香氣清新。

3 瑞香：又稱露申、沈丁花，常綠灌木，春天開花，氣味清香能散播得很遠。

4 梔子：讀作「隻」，又稱支子、黃梔子、山黃梔，常綠灌木或小喬木。春末夏初開白花或黃花，香氣濃郁。

5 木香：又稱木香花，薔薇科薔薇屬，蔓生灌木。夏初開小花，花色白或黃，氣味芳香。

6 秋海棠：又稱八月春、斷腸花，多年生草本。秋季開花，雌雄同株，葉背和葉柄呈紫紅色。

7 海棠：薔薇科蘋果屬，落葉喬木。葉子呈卵形或橢圓形，邊緣呈細鋸齒。春天開花，有白色、淡紅至紅色，種類甚多。

8 酴醿：讀作「圖迷」，又名荼蘼，因顏色像酴醿酒而得名。暮春至夏初，開黃白色的花。

9 虞美人：又稱麗春花，草本植物。夏季開花，花色有白、黃、紅、紫等，花形甚美，是觀賞植物。

10 雁來紅：又稱老少年、十樣錦，草本植物。夏秋之間開花，顏色為淡綠或淡紅色。

11 美人蕉：又稱蓮蕉、曇華。夏天開花，花的顏色多樣，以紅、黃最常見。

12 紫薇：又稱百日紅，落葉喬木。夏、秋之間開花，花色紫紅或白。

13 辛夷：又稱木筆、紫玉蘭、木蓮、新夷，屬木蘭

◆**張竹坡[14]評點**：以一葉而能勝諸花者，此君也。

只憑葉子可以勝過眾花的，是竹子。

科，落葉喬木，木有香味。初春時開花，花大如蓮，內白外紫，香氣濃郁。
14張竹坡：本名張道深，其人介紹請見本書〈編者導讀〉文章。

白話翻譯

花，既賞心悅目又有香味的，是梅花、菊花、蘭花、水仙花、珠蘭、蓮花。只有香味的，是香橼、桂花、瑞香、梔子花、茉莉花、木香、玫瑰花、臘梅。除此以外，其他的花都只適合觀賞。花朵和葉子都適合觀賞的，以秋海棠最爲好看，其次是荷花，海棠、酴醾、虞美人、水仙則又略遜一些。葉子比花好看的，只有雁來紅與美人蕉而已。花朵和葉子都不堪觀賞的，是紫薇和辛夷。

賞析

這則小品文是張潮根據自己的愛好，來評斷花的高下優劣；而每個人的審美觀都是主觀的，他張潮下的評斷自然並非普遍的準則。他將花依高下優劣分爲五種——第一種，既賞心悅目，又兼具芳香的氣味；第二種，則只有香味，花本身並無可觀之處；第三種，花和葉都美觀；第四種，葉子比花更美觀；第五種、也是最差的一種，花和葉子都不好看。

張潮這是從觀賞者的角度來區分花的優劣高下，若以實用性來區分則又是另外一種排序了。至於張潮認爲無甚可觀之處的紫薇，卻常見於文學作品中，可見愛大自然、愛花的心情，各有所好，各自表述。

高語山林者

高語山林者，輒不喜談市朝[1]事。審若此，則當並廢《史》、《漢》[2]諸書而不讀矣。蓋諸書所載者，皆古之市朝也。

1市朝：市，指百姓買賣貨物的地方。朝，是政府辦公的場所。市朝，本指人口聚集之處，後多用以借指紅塵俗世。

2《史》、《漢》：指《史記》與《漢書》。《史記》是西漢司馬遷所撰，為紀傳體史書的代表性著作，後世修纂的正史多沿用此體例。共一百三十卷。《漢書》是東漢班固所撰，記載了西漢的歷史，共一百二十卷。體例沿襲《史記》而略有變更。

3張竹坡：本名張道深，其人介紹請見本書〈編者導讀〉文章。

白話翻譯

喜歡高談闊論隱居山林的人，往往不喜歡談論世俗之事。若是這樣，就應當捨棄《史記》與《漢書》等史書不研讀啊。因為這些書所記載的內容，都是古代爭權奪利之事。

賞析

有些人明明身處紅塵俗世，用的是世俗的觀點評論是非，也擺脫不了世俗的枷鎖羈絆而隨波逐流，卻又喜自命清高，標榜過著退隱山林

◆**張竹坡**[3]**評點：**高語者，必是虛聲處士；真入山者，方能經綸市朝。

高談闊論的人，必然是徒具虛名、而非真正退隱的高人；真正具退隱山林之心的高人隱士，才會在朝堂之上規劃、治理國家大事。

的安逸生活。這樣的人，往往受不了別人談論世俗間爭名奪利的事情，認爲見聞世俗之事，會汙染他們的眼睛和耳朵。

張潮爲此文正是要批評這樣的人。他說，這些人既然認爲退隱山林的生活如此值得嚮往，就應該將紅塵俗世斷得一乾二淨；既然如此討厭聽到世俗的紛爭，索性連《史記》、《漢書》等史書也別讀了，畢竟史書記載的全是些歷朝歷代爭權奪利之事——爲了權力和利益，臣子可以弒君，子可以弒父，這些事件屢見不鮮。

事實上，只要身處世間之中，就無法完全斷絕世俗。每個人總有父母親朋，總有要承擔的義務與責任，除非完全與之斷絕往來，像高僧一樣剃度出家，這樣或許可以遠離世俗紛爭。眞正的高人隱士，是不會將退隱山林當作價值標準這樣去標榜的，因爲當你標榜隱遁山林的好處時，就已經失卻了隱遁山林的眞正涵義。

註解《老子》的王弼就曾說：「聖人體無，無又不可以訓，故不說也。老子是有者也，故恆言其所不足。」這句話意思是說：「孔孟聖人能夠將『無』的眞實意涵實踐於生活當中，所以不需要透過語言來表達。老子還未能體會到『無』的眞諦，所以反覆論述，自補不足。」透過這段文字，我們可以了解到，眞能體會無爲、隱逸眞諦的人，是不會常常對人談論的，因爲他們已經領略到其中眞諦，並且身體力行，又何必掛在嘴上呢！

雲之為物

雲之為物，或崔巍[1]如山，或瀲灩[2]如水；或如人，或如獸，或如鳥毳[3]，或如魚鱗。故天下萬物皆可畫，惟雲不能畫。世所畫雲，亦強名耳。

1崔巍：山勢高峻貌。
2瀲灩：讀作「練宴」，水波盪漾貌。
3鳥毳：鳥腹的細毛。毳，讀作「翠」，指鳥獸身上的細毛。
4張竹坡：本名張道深，其人介紹請見本書〈編者導讀〉文章。

白話翻譯

雲這種東西，有時像高山峻嶺，有時像水波盪漾，有時像人，有時像走獸，有的時候像鳥腹上的細毛，有時像魚鱗。所以，天下萬物都可入畫，只有雲畫不出來。世人所畫的雲，都只是勉強地說那是雲而已。

◆**張竹坡**[4]**評點：**雲有反面、正面，有陰陽、向背，有層次、內外。細觀其與日相映，則知其明處乃一面，暗處又一面。嘗謂古今無一畫雲手，不謂《幽夢影》中先得我心。

雲有正反兩面，有背陰背陽、內外層次之別。仔細觀看雲和太陽互相輝映時的樣子，就能看出向著陽光是一面，背著陽光又是一面。我曾經說過，古往今來沒有一個人能刻劃出雲的面貌，沒想到，《幽夢影》把我心中所想的都表達了出來。

賞析

張潮說，雲不可畫，是因爲雲沒有固定的形狀。雲是水蒸氣，是遇到冷空氣而凝結成細水滴或冰晶、飄浮在空中的團狀物體。雲是由水組成的，因而具有水的兩種特性——其一，沒有固定的形狀，水會按照容器的形狀改變自己的形態，若從地勢高的地方傾瀉而下就形成瀑布，甚至會依照地勢高低而形成海、湖、河川、溪流等形態。其二，極其柔軟的特性。水是天底下最柔軟的東西，用任何利器都無法砍斷它。雲是漂浮在大氣層中的水，它會依照風向改變自己的形體，在不同的時段觀看，會發現雲的形體有不同的變化。

正因爲雲變化萬端，所以給人難以捉摸的感覺。無論畫成什麼樣子，都是雲，卻也都不是雲。我們所看到的，都只是雲的某種表現形式、某種樣貌罷了，無法確切掌握其所有形態，所以無論怎麼畫，都不可能畫出雲的所有面貌。再加上，雲具有水的特性，無論是雲還是水，兩者都是虛的東西，因爲它們不同於具體有形的事物，無法以語言表達，更無法以畫筆來框架。然而，在山水畫中，使用染的技法，或可稍稍烘托出雲環繞著山峰的虛無飄渺之感。雲，在每位畫者、觀者的心中自有想像，這也再次讓人感受到張潮的審美觀極爲嚴謹肅然的一面。

值太平世

值太平世，生湖山郡[1]，官長廉靜[2]，家道優裕，娶婦賢淑，生子聰慧，人生如此，可云全福。

1 湖山郡：靠湖背山的郡縣，指出生地的自然環境優越。
2 官長廉靜：縣長的操守清廉，性格平和。
3 許篠林：本名許楚（一六〇五年至一六七六年），字芳城，號旅亭、篠林，又號青岩先生。清代安徽歙縣（歙在此讀作「社」）人。擅長詩文，著有《青岩文集》。
4 江含徵：本名江之蘭，其人介紹請見本書〈編者導讀〉文章。

白話翻譯

遇到太平盛世，生在有山有水的郡縣，父母官清廉平和，家境富裕，娶妻賢良淑德，生個聰慧的孩子，這樣的人生，可謂十全十美。

◆**許篠林[3]評點：**若以粗笨愚蠢之人當之，則負卻造物。

如果生活在理想世界的是愚笨粗俗之人，可就辜負了造物主的安排。

◆**江含徵[4]評點：**此是黑面老子要思量做鬼處。

這是修行得身體虛弱已極的釋迦牟尼，思索著自己做鬼以後所置身的處境。

賞析

這則小品文，描繪了張潮心目中對於幸福人生的期許。他很看重生長的環境，畢竟，人的成長背景決定了他日後的發展——

首先，要生在太平盛世，這樣可以避免戰亂的動盪不安，相信這也是許多人的期許。第二，要住在一個環境優美的地方，而且父母官得爲官清廉，這樣就不會向當地百姓徵收過多的賦稅，百姓才能安居樂業。第三，家境要富裕，這樣才能給子女良好的教育與生活條件，確然，富足的生活人人嚮往。第四，娶賢妻，生子聰慧。這就是張潮心中理想人生的樣貌。

人的願望往往與現實相反，因爲尚未擁有的東西才值得人去追求，已經擁有的東西多半都不懂得珍惜。張潮所處的時代，政權變更，社會動盪不安，百姓生活困難，因此他嚮往的正是沒有戰爭的太平盛世，以及富足的家庭環境。

天下器玩之類

天下器玩之類，其製日工，其價日賤，毋惑[1]乎民之貧也。

1毋惑：毋，是不的意思；惑，是疑惑、疑難；合而為「難怪」之意。
2張竹坡：本名張道深，其人介紹請見本書〈編者導讀〉文章。

白話翻譯

世上供人賞玩的器物，製作得越來越精緻，價格卻賣得越來越便宜，難怪人民會這麼貧窮。

◆**張竹坡**[2]**評點：**由於民貧，故益工；而益賤，若不貧，如何肯賤？

因為貧窮，所以老百姓將器物製作得極為精緻，以吸引顧客購買；至於價錢賣得太過便宜，若不是因為太過貧窮之故，有誰寧願如此低價賤賣？

賞析

這則小品文反映了當時社會貧富差距的懸殊——老百姓勤奮地工作，卻無法得到等價的回報，這個現象可以從清代器物的價格看出端倪。供人賞玩的器物，由於時代進步，技術逐漸成熟，做工越來越精緻，卻因爲貧富懸殊，導致買得起的一般老百姓寥寥無幾，有餘裕購入的多金者則有恃無恐地想方設法壓低賣價，導致製作出來的精美器物賣不出去，最終只能賤價拋售。

但就賞玩器物的市場而言，通常是越古老的東西越值錢，當代人製造的即便做工再精細，若非出自名家之手，或者不是時代久遠的古董，價格通常都沒辦法賣得太高。

養花膽瓶

養花膽瓶[1]，其式之高低大小，須與花相稱；而色之淺深濃淡，又須與花相反。

1膽瓶：花瓶的一種，瓶頸細長，瓶腹飽滿渾圓，形如懸膽（指鼻型直垂且圓），而得名。

2張竹坡：本名張道深，其人介紹請見本書〈編者導讀〉文章。

3王宓草：即王著（一六四九年至一七三七年，著讀作「詩」），原名王尸，字宓草（宓讀作「密」），秀水（今浙江嘉興）人，家金陵（今南京）。畫家，其山水畫頗能表現元代畫家黃公望的精髓神韻，擅長花卉、翎毛，書法和篆刻也很擅長。曾與手足王概、王臬（臬讀作「孽」）合編《芥子園畫譜》。

白話翻譯

用來插花的膽瓶，其形狀之高矮大小，必須與內裡所插之花高矮大小相稱；花瓶顏色的濃淡深淺，又須與花的顏色相反。

◆**張竹坡**[2]**評點：**夫如此，有不甘去南枝而生香於几案之右者乎？名花心足矣。

若能如此，還會有不願離開朝南的向陽生長處，以在書桌右隅散發芳香的枝條嗎？這下，名花心滿意足了。

◆**王宓草**[3]**評點：**須知相反者，正欲其相稱也。

要知道，花與花瓶的顏色相反，正是為了使它們相稱。

賞析

張潮對插花與配色頗有研究。他認爲，插花用的膽瓶，和所插的花，要講究協調、對稱，因此在修剪花枝時需注意，不可剪得太短，否則插入瓶中以後，就看不見花了；亦不可留得太長，否則會不夠對稱，無法給人美的感受。

此外，花瓶顏色的選擇，也要適合所插之花的顏色。張潮認爲，花的顏色要與膽瓶的顏色相反——顏色淺的花，應配上顏色深的瓶子；反之，顏色深的花，應當配上顏色淺的瓶子，如此視覺上才能顯得協調、搭襯。

插花，原本就是一門藝術，注意細節才能帶給觀者極佳的審美體驗，由此可見，張潮對花藝亦頗有研究。

春雨如恩詔

春雨如恩詔①，夏雨如赦書②，秋雨如輓歌③。

1 恩詔：古代帝王賜予特別恩典的詔書。
2 赦書：頒布免除刑罰的特赦文書。
3 輓歌：對死去之人表示哀悼的歌謠。
4 張諧石：本名張韻，字諧石，號浮丘，江蘇揚州人。善詩，也善書畫。
5 張竹坡：本名張道深，其人介紹請見本書〈編者導讀〉文章。

白話翻譯

春天的雨有如君王賜予特別恩典的詔書，夏天的雨有如特赦罪行的文書，秋雨則如送葬的哀歌。

◆**張諧石④評點：**我輩居恆苦飢，但願夏雨如饅頭耳。

我們這些人總是為飢餓所苦，真希望夏雨像饅頭一樣可以讓人果腹。

◆**張竹坡⑤評點：**赦書太多，亦不甚妙。

大赦天下的詔書太多，也不是太好。

賞析

張潮這則小品文以生動的比喻來形容雨水帶給人的感受，並闡明了雨水對於人類生活的重要性。

春天萬物蓬勃生長，需要雨水的滋潤，才能帶給大地生機，這時的雨水是孕育生命的泉源，所以倍顯重要。故俗語「春雨貴如油」（出自明代解縉〈春雨〉一詩），表達出了春雨之難能可貴，正有如帝王降下減免賦稅，或召回在外流放已久臣子的恩旨一般，讓臣民倍感欣喜。

夏季天氣酷暑炎熱，燥熱的氣候讓人難以忍受，人們的心情也如犯人般難耐不安。這時如果能下一場雨，緩解乾燥炎熱，就等於是讓遭到刑罰的犯人得到特赦一樣讓人鬆了口氣，尤顯珍貴。秋天的雨水陰冷潮濕，給人悲傷淒涼的感覺，且綿綿不絕，猶如那哀戚四野的送葬輓歌。

這樣的比喻十分傳神而且貼切，能令讀者感同身受，足見張潮爲文時的譬喻技巧相當高超。

十歲為神童

十歲為神童，二十三十為才子，四十五十為名臣，六十為神仙，可謂全人矣。

白話翻譯

十歲時是神童，二三十歲的時候是才子，四五十歲時是政績卓著的名臣，六十歲是個快活神仙，這可以說是圓滿的人生了。

賞析

這是張潮對人生的期盼，他勾繪出了一幅美滿人生的藍圖。神童、才子、名臣三階段，充分體現出古代知識份子「學而優則仕」的理想。神童，就是所謂

◆**江含徵評點：**此卻不可知，蓋神童原有仙骨故也。袛恐中間做名臣時，墮落名利場中耳。

這是沒辦法預知的。聽說，有仙骨的人才能成為神童，就怕到人中年後做起名臣，一心追名逐利而無心修仙求道了。

◆**張竹坡評點：**神童才子由於己，可能也；名臣由於君，仙由於天，不可必也。

做一名神童與才子可以透過自身的努力來達成，有實現的可能；能不能當上股肱大臣是由皇帝決定的；能不能成仙則由上天決定，不一定能成。

的天才兒童，張潮希望自己打從很小的時候就展現出過人的讀書與寫作天分；長大成人後，成而爲才華洋溢的才子；人到中年，做爲朝廷倚重的股肱大臣，並且有顯赫的政績。此前三者，都是古代讀書人的夢想。

到了晚年，六十歲的時候，他想改當快活神仙，這是從入世到出世的轉變——四五十歲之前，還在名利場中奮鬥，當已然功成名就後，就想要脫離世俗的枷鎖羈絆，希望自在逍遙地做個快活神仙。如此想法的轉變，其實與張潮所處的時代背景有很大關聯。他早年曾致力於科舉考試，卻屢次落榜，又碰上了人生的諸多不如意，因而造就了比較出世的想法。當個快活神仙固然是癡人說夢，但也反映出幾許他對現實感到無奈、想要解脫出來的想法。

武人不苟戰

武人不苟[1]戰，是為武中之文；文人不迂腐，是為文中之武。

1 不苟：不隨便，不馬虎。苟：草率、隨便。

2 梅定九：本名梅文鼎（一六三三年至一七二一年），字定九，號勿庵，安徽宣城人。清初天文學家、數學家、曆算學家，有「曆算第一名家」美譽。自幼喜歡觀測天象、《周易》占卜，未曾參加科舉。曾師事於道士倪觀湖，學習算術、曆法，一輩子潛心鑽研學問（受到西方科學知識傳入的影響，而在學術上有重大突破）。康熙四十一年（一七〇二年），大學士李光地向康熙帝推薦梅文鼎的著作《曆學疑問》，康熙帝極為欽佩，親自表揚他在天文、數學方面的成就，並親書「績學參微」四字以示褒獎。梅氏在詩文雜著方面著有《績學堂文鈔》、《績學堂詩鈔》，後人則將其數學、曆法著述編成《梅氏叢書輯要》一書。

3 顧定天：生平不詳。

4 王司直：本名王臬（臬讀作「孽」），字司直，清代秀水（今浙江嘉興）人，擅長詩畫，曾與手足王概、王蓍（蓍讀作「詩」）合編《芥子園畫譜》。

白話翻譯

武人不輕言作戰，是武人中的文人；文人不拘泥守舊，是文人中的武人。

◆梅定九[2]評點：近日文人不迂腐者頗多，心齋亦其一也。

最近，不拘泥守舊的文人很多，心齋就是其中之一。

◆顧定天[3]評點：然則心齋直謂之武夫可乎？笑笑。

那麼，直接稱呼心齋為武夫，可以嗎？笑笑。

◆王司直[4]評點：是真文人，必不迂腐。

真真正正的文人，必定不拘泥守舊。

賞析

武人的優點是，勇敢威猛，行事果決；缺點是心思不夠周延，缺少智謀，遇事容易衝動，往往沒有精密的布局就輕率出兵，不僅容易讓自己置身險境，動不動就出兵也浪費了國家資源。文人的優點是，具有智慧，遇事能有縝密的分析思考，懂得三思而後行；缺點是，讀了太多聖賢書，容易拘泥於書本上的教條規範，而無法跳脫儒家禮法的桎梏，行事過於刻板，心思不夠靈活細密。

因此，張潮認為，若武人與文人能夠互補其不足，那麼不論是武人或是文人，都能調整好自身的缺陷，從而讓所長有最大的發揮，那麼就能輔助君王把國家治理好。

「武中之文」，是擷取文人的智慧與縝密思考的優點，以彌補武人衝動、輕率的性格；如此一來，若遇上敵軍侵犯邊境，就不會草率出兵，而能在考察全局後再行領軍出戰，這樣更有可能制服敵軍，打贏戰爭。「文中之武」，則擷取了武人的英勇果敢，以彌補文人拘泥法令規章，做事瞻前顧後，不知靈活變通的缺點；如此一來，在處理政務時，就不會優柔寡斷，而能果斷裁決，以搶占先機，掌控全局。

文人講武事

文人講武事，大都紙上談兵；武將論文章，半屬道聽塗說。

1吳街南：本名吳肅公（一六二六年至一六九九年），字雨若，號晴岩，別號街南，清代安徽宣城人。明末諸生，滿清入主中原後，不入朝為官，改以賣字與行醫維生。著有《雲間雜記》、《街南文集》等書。

白話翻譯

文人談論軍事，大多都是紙上談兵；武將談論詩詞歌賦文章，多半是些街談巷語。

◆**吳街南**[1]**評點：**今之武將講武事，亦屬紙上談兵；今之文人論文章，大都道聽塗說。

當今武將談起軍事，也是紙上談兵；當今的文人談論文章，大多都是別人說什麼就跟著說什麼。

賞析

這裡闡明了隔行如隔山的道理，正所謂「術業有專攻」，每個人都有他自己專擅的領域，若是門外漢就要懂得尊重專業人士，切莫明明不懂卻要指手畫腳，以免貽笑大方。

文人的專長是寫作文章，他們對軍事的了解僅止於書本上的知識。古代有些兵書如《孫子兵法》、《司馬法》、《六韜》等書，記載了臨陣對敵之策，是以文人對行軍作戰之法雖有一定的了解，卻缺乏實際的作戰經驗，遇到緊急情況無從應變起，所以只能說他們大多數時候都不過是紙上談兵罷了。

而武將的專長是行軍打仗，衝鋒陷陣，他們若談論起文章，多半會因爲缺乏自己的評斷與見解，而只能人云亦云。

斗方止三種可存

斗方[1]止三種可存：佳詩文一也；新題目二也；精款式三也。

1斗方：指書畫所用的一尺見方冊頁，或是廿五到五十公分見方的字畫作品，例如：方形的春聯或年畫。
2閔賓連：本名閔麟嗣（一六二八年至一七〇一年），字賓連，號檄庵，清代安徽歙縣（歙在此讀作「社」）人。知名學者，喜歡旅行，每遊覽到一處都要寫詩吟詠。著有《廬山集》、《古國都今郡縣合考》、《黃山松石譜》等書。
3彀中：弓箭射出所能及的範圍，原指射程，後泛指一定的範圍。彀，讀作「夠」。

白話翻譯

斗方只有三種值得保存：一是詩文好，二是題材新穎，三是款式精緻。

◆**閔賓連**[2]**評點**：近年斗方名士甚多，不知能入吾心齋彀中[3]否也？

這幾年，斗方名士很多，不知道有沒有合心齋心意的？

賞析

斗方，是明清兩代流行的一種書畫創作形式，在現代很少能看得到，大概只有逢年過節時，能見到家家戶戶在門上貼方形春聯，上書「春」、「福」等字，或者畫有吉祥寓意的年畫，這些都稱爲斗方。

明清時代，斗方十分盛行，有許多沒有眞才實學的文人藉著斗方附庸風雅、譁眾取寵，以此博得美名。是以，這些矯揉造作的文人被批評爲「斗方名士」，此類記載可見於小說，如清代吳沃堯所撰的《二十年目睹之怪現狀．第九回》：「那一班斗方名士，結識了兩個報館主筆，天天弄些詩去登報，要借此博個詩翁的名色，自己便狂得個杜甫不死，李白復生的氣概。」這些沒有眞才實學的文人，就稱爲斗方名士，他們以爲會寫幾句詩就能夠媲美李白、杜甫，想要博取「詩翁」的名號。這段文字就是在諷刺這些舞文弄墨的文人，不過這裡所指的「斗方名士」，未必是指以斗方形式寫作詩文，但最初爲炫耀自己的詩文才學，他們確實是從斗方這種藝術創作形式開始的，只是後來成了譏諷沽名釣譽假詩人的批評用語。

每種藝術創作形式都有其自身價值，雖因明清時代太過盛行，而使斗方創作流於俗套、沒有新意，但也並不能就此完全否定這種創作形式。相信，仍有許多斗方是值得我們珍藏的，所以張潮說有三種斗方值得留存，這便是他對斗方詩文創作的正面肯定。

情必近於癡而始真

情必近於癡而始真，才必兼乎趣而始化[1]。

1 化：即化境，指最高的境界。

2 顧天石：本名顧彩（一六五〇年至一七一八年），字天石，號夢鶴居士，江蘇無錫人。擅長創作戲曲劇本，孔尚任的劇本《小忽雷》，就是由顧天石填詞的。其他戲曲作品有《大忽雷》、《後琵琶記》等等。

3 尤慧珠：本名尤珍（一六四七年至一七二一年），字謹庸，一字慧珠，號滄湄，江南長洲縣（今屬江蘇省蘇州市）人，尤侗之子。康熙廿年（一六八一年）進士，曾任翰林院庶吉士，歷任《大清會典》、《明史》、《三朝國史》纂修官。擅長寫作詩歌，著有《滄湄札記》、《滄湄詩鈔》等等。

白話翻譯

情感必定要接近癡迷才能算是眞心，才華必定要兼具趣味才能達到化境。

◆**顧天石**[2]**評點**：才兼乎趣，非心齋不足當之。

才學兼具趣味性，不是心齋誰都不足以當得起。

◆**尤慧珠**[3]**評點**：余情而癡則有之，才而趣則未能也。

我的感情接近癡迷是有的，才學兼具趣味性卻做不到。

賞析

張潮此番重視抒發眞性情與創新的文學主張言論，是受到晚明崇尚眞性情的「公安派」文學風氣影響所致。明代的袁宗道、袁宏道、袁中道三兄弟，人稱「三袁」，在文學史上被歸類爲「公安派」（取其出身公安一地之意，公安今屬湖北），他們對詩文的要求是——要能獨樹一格，不要模擬仿古；要抒發胸臆眞實想法，而不要受到儒家禮法的束縛，說些虛僞矯作的話。這樣的文學主張同樣影響了清初的文學風氣，張潮也承繼了這樣的思想。晚明文學重視「獨抒性靈，不拘格套」（袁宏道散文〈敘小修詩〉，小修是袁中道的字），袁宏道還曾主張「人不可無癡」（轉述自明代吳從先《小窗自紀》）——張潮因此認爲，癡迷與癖好，正是眞情流露的極致表現，是眞性情的標記。

至於提倡趣味性，這一點也是晚明思潮所標榜的。筆者認爲，之所以強調文學作品要有趣味性，是爲了反對儒家禮教的束縛。漢代以來，董仲舒提倡獨尊儒學，儒家學說一直都是讀書人的中心思想，但由於人性實難實現孔孟所說的「仁心」、「善性」，所以一般人所遵守的僅是形式化的禮教，而這正是人心被束縛而不得自由的主因。晚明的文人之所以提倡文學作品要抒發人的眞情實感，正是爲了將人心從這樣的形式束縛中解救出來。而趣味，正好與嚴肅的禮教制度相對反，可讓人流露出眞情實感。

對於晚明的這般文學主張，張潮認爲，痴癖是情眞的表現，趣味則是才學的顚峰極致。

（《幽夢影》未完，待續）

國家圖書館出版品預行編目資料

幽夢影一：幽深如月／（清）張潮原著；曾珮琦編註
——初版——臺中市：好讀出版有限公司，2021.06
面；　公分——（圖說經典；40）
ISBN 978-986-178-541-7（平裝）

072.7　　110005518

好讀出版

圖說經典 40

幽夢影一：幽深如月

填寫線上讀者回函
請掃描 QRCODE

原　著／張　潮
編　註／曾珮琦
總 編 輯／鄧茵茵
文字編輯／簡綺淇
行銷企劃／劉恩綺
美術編輯／王廷芬、曾子倢、許志忠

發行所／好讀出版有限公司
407 台中市西屯區工業區 30 路 1 號
407 台中市西屯區大有街 13 號（編輯部）
TEL:04-23157795　FAX:04-23144188　http://howdo.morningstar.com.tw
（如對本書編輯或內容有意見，請來電或上網告訴我們）
法律顧問／陳思成律師

總經銷／知己圖書股份有限公司
106 台北市大安區辛亥路一段 30 號 9 樓
TEL：02-23672044　02-23672047　FAX：02-23635741
407 台中市西屯區工業 30 路 1 號
TEL：04-23595819 FAX：04-23595493

電子信箱／ service@morningstar.com.tw
網路書店／ http://www.morningstar.com.tw
讀者專線／ 04-23595819 # 230
郵政劃撥／ 15060393（戶名：知己圖書股份有限公司）

印刷／上好印刷股份有限公司
初版／西元 2021 年 6 月 1 日
定價／ 280 元
如有破損或裝訂錯誤，請寄回 407 台中市西屯區工業區 30 路 1 號更換（好讀倉儲部收）

Published by How Do Publishing Co., LTD.
2021 Printed in Taiwan

ISBN 978-986-178-541-7